LE
SIÉGE DE PARIS

RETRAITE DES ALLEMANDS

SOUVENIRS D'UN CONTEMPORAIN

PARIS

HENRI PLON, IMPRIMEUR-ÉDITEUR

10, RUE GARANCIÈRE

1872

Tous droits réservés

# LE
SIÉGE DE PARIS

RETRAITE DES ALLEMANDS

SOUVENIRS D'UN CONTEMPORAIN

L'auteur et l'éditeur déclarent réserver leurs droits de traduction et de reproduction en France et à l'étranger.

Ce volume a été déposé au ministère de l'intérieur (direction de la librairie) en août 1872.

PARIS. — TYPOGRAPHIE DE HENRI PLON, RUE GARANCIÈRE, 8.

LE
SIÉGE DE PARIS

RETRAITE DES ALLEMANDS

SOUVENIRS D'UN CONTEMPORAIN

PARIS

HENRI PLON, IMPRIMEUR-ÉDITEUR

10, RUE GARANCIÈRE

——

1872

Tous droits réservés

LE SIÉGE DE PARIS.

AVANT-PROPOS.

Emportés par la tourmente, nous sommes si loin du point de départ, que l'imagination n'ayant pu suivre la course vertigineuse des événements, il semble qu'ils sont déjà loin de nous, et c'est à peine si le souvenir s'en présente encore à l'esprit comme dans un passé lointain; le temps a manqué même pour les décrire, si ce n'est par quelques récits tronqués ou renfermés dans un cadre restreint. Les générations futures n'y pourront puiser que des renseignements incomplets, et les grandes leçons de l'histoire contemporaine seront en partie perdues pour elle.

La paix était profonde.
Tout à coup la guerre éclate imprévue, terrible.
Folle confiance.
Revers inattendus, écrasants.
Explosion d'indignation.
Révolution.
Pas d'hommes.

Tout est perdu !
Surgit un homme.
Tout est sauvé !

Témoin de ce drame immense et de ses étonnantes péripéties, j'ai pu en embrasser l'ensemble, en suivre les phases prodigieuses, et j'ose entreprendre d'en transmettre le souvenir.

MEMENTO.

Une trame ténébreuse, ourdie de longue main dans l'ombre avec une astuce profonde, enserrait la France dans un réseau dont les mailles, se resserrant à chaque pas, devaient enfin paralyser ses mouvements et la livrer, étroitement garrottée, à ses ennemis acharnés.

Le grand génie politique qui présidait aux destinées de l'Allemagne avait tendu ses pièges avec un art perfide, associé au plus grand génie militaire des temps modernes, et peut-être de tous les temps. Il avait organisé avec un incomparable talent d'immenses agglomérations d'hommes, les avait instruits, réunis avec un ordre merveilleux, mais sans bruit et presque sans qu'il y parût.

De notre côté, un souverain vieilli dans les conspirations, gonflé d'un orgueil que son nom seul justifiait, fatigué de corps et d'esprit, avait l'outrecuidante présomption de jouer au fin avec l'un, de tenir tête à l'autre, et, s'arrachant aux plaisirs d'une cour futile, il s'achemina, entouré de courtisans, pour prendre le commandement de nos armées! Dès lors, l'abîme était ouvert.

Arrivés au bord, infortunée nation, brave et malheureuse armée, monarque insensé, sont pris de vertige et s'élancent au fond du gouffre.

Au bruit de cette chute retentissante, l'univers entier fut ébranlé; le fracas, répercuté par les échos de proche en proche, troubla les plus humbles chaumières comme les plus somptueux palais, et répandit partout l'effroi.

IDYLLE.

Sur le versant des Alpes, dans une charmante vallée sillonnée par un ruisseau bordé d'arbres séculaires, s'élève une habitation moderne, simple dans son élégance, entourée d'un parc à la française, dont les charmilles offrent un délicieux ombrage.

Dans cette retraite ravissante, une famille goûtait alors le charme d'une vie heureuse et retirée.

Un vieillard encore robuste, ancien militaire, on ne pouvait s'y méprendre, jouissait avec délices de sa félicité. Entouré de soins par une femme jeune, belle, prévenante, affectueuse, charmé par la grâce d'une aimable enfant qu'il adorait, il partageait son temps entre sa famille chérie et ses occupations champêtres.

Qu'il était heureux quand, au retour de la chasse ou des travaux des champs, il voyait accourir à lui sa chère enfant accompagnée du fidèle Gardien, énorme chien blanc des Pyrénées, et que sa femme s'appuyait sur son bras pour rentrer prendre le repas! Il avait toujours une plaisanterie à dire en s'asseyant à table. Gardien n'était pas oublié; il assistait aux repas, sa grosse tête appuyée sur les genoux de l'enfant, et ses beaux yeux fixés sur elle prenaient une expression de tendre affection quand elle lui serrait le cou dans ses petites mains, l'appelant : Mon toutou!

Il régnait dans cette maison comme une atmosphère de bonheur calme et serein, qui semblait inaltérable.

FATALE NOUVELLE.

Hélas! ce beau ciel s'obscurcit.

Un jour, après le repas, la famille était assise sous la charmille; l'enfant jouait avec Gardien, la mère achevait une broderie, le père lisait le journal que le facteur venait d'apporter. Tout à coup il pousse une exclamation, pâlit, et montre du doigt à sa femme une ligne du journal; d'un coup d'œil elle la parcourt : son bonheur est détruit. Les larmes inondent son visage; la petite fille ouvre des yeux étonnés, puis se met à pleurer sans savoir pourquoi, et tous, atterrés, rentrent au logis.

Le vieillard s'enferme dans son cabinet; il passe de longues heures la tête dans ses mains, immobile. Enfin, faisant effort sur lui-même, il se dresse, et, parlant haut :

— Après tout, dit-il, il n'y a pas à y revenir, je suis mort. Mais quelle guerre! Saura-t-on la conduire? Est-on prêt? Quel supplice que l'inaction! Je ne suis rien et ne puis rien, moi!

Puis, se ravisant, il court à sa bibliothèque, prend ses cartes, ses plans, ses livres, envoie à la ville voisine chercher tout ce qui lui manque, installe une immense table dans son cabinet, y étale ses plans, et, avec une activité, une ardeur de jeune homme, il marque sur la carte les positions des armées, rédige des ordres; il s'imagine qu'il commande, le voilà à l'œuvre.

Sa femme, toujours dévouée, observe d'un œil attentif; elle comprend, elle se félicite de la direction prise par l'esprit de son mari. Il demande à grands cris des journaux, tous les journaux; il les dévore, puis les broie, les déchire, trépigne dessus, pousse des exclamations sans suite.

LE LION RUGIT.

Quelles sottises! quelle imprévoyance! quelle folie! quelle incurie! On se précipite dans un gouffre! Tant d'aveuglement est-il possible! Il frappe du pied à ébranler la maison; son œil est terrible, et, serrant sa tête dans ses mains à l'écraser, il rugit!

— Ah! c'est trop! s'écrie-t-il.

Et il s'élance; mais s'arrêtant, les bras lui tombent. Il s'assied, accablé et désolé :

— J'oubliais, hélas! que je suis mort!

Les jours se suivent, douloureux et mornes. La pauvre jeune femme était bien à plaindre : son bonheur était perdu. Elle cherchait à adoucir le supplice de son mari; elle se hâtait de parcourir les journaux avant de les lui remettre, dans l'espoir d'une bonne nouvelle; hélas! c'étaient des désastres, toujours des désastres qu'ils annonçaient : Weissembourg, Reichshofen, Forbach, Spickeren; mais, contre son attente, ces nouvelles ne parurent pas émouvoir son mari; il se contenta de lui dire :

— C'était écrit!

IL SORT DE SON ANTRE.

Les nouvelles se suivent de plus en plus déplorables. Il s'enferme, arpente sa chambre en tous sens pendant des journées entières, la tête baissée, l'œil en feu, oublie de prendre ses repas; puis, la nuit venue, se jette tout habillé sur son lit, ne trouve qu'un sommeil court et agité.

Arrive enfin la nouvelle de la capitulation de Sedan! Il n'est pas d'expression pour rendre sa douleur, son désespoir : c'était de la fureur, de la rage; pendant trois journées, il ne voulut voir personne. Enfermé dans sa chambre, ne mangeant qu'un peu de pain sec, sa femme elle-même n'osait l'aborder. Enfin il se calme, une sombre préoccupation semble l'absorber; peu à peu sa physionomie s'éclaircit, une lueur lui apparaît, il devient méditatif, on l'entend s'écrier :

— Pourquoi pas? Essayons! Ce n'est pas impossible, il faut le tenter; oui, il n'y a pas à hésiter... Eh bien, c'est décidé, je pars!

Il sonne; son fidèle serviteur apparaît aussitôt. C'était un vieillard, vigoureux encore, qui avait suivi son maître dans toutes ses campagnes.

— Montal, lui dit-il, nous partons dans une heure; pas de bagages, nos manteaux seulement.

Et, le visage rasséréné mais sérieux, il descend

au salon; en quelques mots il informe sa femme de sa résolution, et comme elle s'exclamait :

— Oui, je pars pour Paris; Dieu veuille que j'arrive à temps! Moi seul puis sauver la France; avec l'aide de Dieu j'y réussirai, et je vous reverrai. Priez pour nous; restez ici.

Il serra sa chère femme dans ses bras avec une explosion de tendresse; mais quand sa petite fille passa ses bras mignons autour de son cou, voulant le retenir, et l'embrassa en pleurant, sa rude figure s'attendrit, et, pour la première fois de sa vie, les larmes mouillèrent ses paupières. Mais ce ne fut qu'un instant. Il s'élance dans la voiture qui vient d'avancer, Montal est sur le siège, et faisant un dernier signe d'adieu à son bonheur, il part.

ODYSSÉE.

En quelques secondes, ce fut un autre homme; il avait repris sa figure de commandement, devant laquelle tout tremblait autrefois.

Cinq heures, qui lui parurent bien longues, furent nécessaires pour gagner le chemin de fer. Tous les services étaient désorganisés; plus de trains de voyageurs, tout était réservé pour les transports militaires. Il obtint à grand'peine qu'on lui permît de monter sur une locomotive avec son serviteur, et parvint ainsi à Corbeil le 19 septembre. Paris venait d'être investi, plus moyen d'avancer. Le train rétrograde, les deux vieillards descendent de la locomotive. Ils veulent à tout prix entrer dans Paris; ils cherchent un garde champêtre, un facteur, un paysan connaissant bien les sentiers : à grand'peine ils parviennent à en rencontrer un, qu'ils décident à prix d'argent à les conduire. Ils marchent, le canon gronde, ils se glissent dans les bois, les vignes, avec précaution, se faufilent dans les haies, les fossés, réussissent, à travers mille périls, à franchir les lignes prussiennes encore imparfaitement liées, approchent des fortifications, rencontrent une colonne d'infanterie qui rentrait, la suivent et passent les portes avec elle. Le désordre était indescriptible, on ne fit aucune attention à eux. Les voilà dans Paris, sillonné en tous sens par des fuyards, des soldats débandés, une population affolée. Ils apprennent que le gouverneur est au Louvre, ils s'y dirigent. Ils arrivent, trouvent tout en désarroi, montent les escaliers, et s'adressant à un jeune officier :

— Le Gouverneur?

— Là, répond l'officier en montrant du doigt une porte, mais on n'entre pas.

Le vieillard se pose en face de lui, et, d'une voix retentissante :

— J'entre partout, moi!

L'officier, intimidé, se range; la porte est franchie.

Le général Trochu était là, assis, découragé, absorbé dans ses sombres réflexions; entendant approcher, il lève la tête d'un air distrait, ouvre de grands yeux stupéfaits :

— Quoi! est-ce bien vous, monsieur le maréchal?

— Oui, c'est moi; j'ai quitté le paradis pour sauver mon pays : me voilà!

— Mais comment peut-il se faire?.....

— Rien de plus simple : après une vie de labeur passée dans les camps, au milieu des horreurs de la guerre, parvenu enfin au faîte de la gloire et des honneurs, j'ai voulu connaître à mon tour, avant de mourir, le bonheur, les joies de la famille, dont pendant le cours d'une longue vie j'avais été privé. J'ai été assez heureux pour contracter, au déclin de ma vie, une union bénie de Dieu; et, afin d'échapper aux grandeurs et de me consacrer tout entier à ma famille adorée, je me suis fait passer pour mort. Vous le savez, de magnifiques funérailles me furent faites; pendant ce temps, je me retirais dans une délicieuse retraite, loin des regards du monde. J'y ai vécu inconnu, dans la félicité la plus parfaite, jusqu'au jour où la fatale nouvelle de nos revers m'est parvenue. Vous comprenez les souffrances horribles que j'ai endurées. Connaissant l'état des armées, je n'ai pas été surpris des funestes affronts infligés à nos drapeaux; mais je n'aurais jamais supposé qu'ils dussent être si complets. Des fautes énormes ont dû être commises, à nous de les réparer. Seul j'en suis capable, je le sais, et j'ai tout sacrifié pour accourir.

ABNÉGATION.

Pendant ce récit, le général Trochu, le front dans ses mains, paraissait en proie à une cruelle perplexité; relevant enfin la tête avec effort :

— Monsieur le maréchal, dit-il, c'est Dieu qui vous envoie; je m'incline devant ses arrêts. Vous avez raison : tout est perdu, vous seul pouvez tout sauver.

Et, avec une modestie qui n'était pas sans grandeur, il lui remit tous ses pouvoirs.

— C'est bien, général, vous agissez en noble cœur; j'y comptais. Il n'y a pas un moment à perdre; conduisez-moi auprès des membres du Gouvernement de la Défense nationale.

Ils se rendent à l'hôtel de ville, gravissent les degrés encombrés d'une foule bruyante et avinée, pénètrent dans la salle des délibérations, et là le général Trochu, avec un geste un peu théâtral, présente à ses collègues ébahis le maréchal Pélissier, entre les mains duquel il vient, leur dit-il, de résigner tous ses pouvoirs.

Un murmure improbateur accueille cette déclaration.

Le maréchal y coupe court en deux mots :

— Le gouverneur d'une place assiégée réunit en ses mains tous les pouvoirs. Les autorités civiles lui sont toutes subordonnées.

Il n'y a donc plus ici qu'une volonté : la mienne.

Rendez-vous dans vos ministères.

Personne n'osa répliquer, quelque envie qu'on en eût. Se faisant alors présenter chaque membre du Gouvernement, dont la plupart lui étaient inconnus, il leur donna des instructions sommaires. Arrivé à Rochefort, qui était le dernier :

— Quant à vous, monsieur de Rochefort, vous serez mon secrétaire; j'ai mes idées sur la presse, vous me serez utile.

Et comme celui-ci paraissait peu flatté, le maréchal ajouta avec une certaine finesse :

— Croyez-moi, je vous rends un service plus grand que vous ne pensez; le lit de camp que je vous offre est moins dur que celui que vous vous prépariez, peut-être sans en avoir conscience.

Le maréchal avait une manière de s'exprimer

qui n'admettait pas de réplique, il fallut se résigner. Plus tard M. de Rochefort, subissant l'ascendant du maréchal, lui voua un véritable culte.

UNE NUIT BIEN EMPLOYÉE.

Quand tous se furent retirés, il se fit rendre compte par le général Trochu des événements de la journée; il regretta beaucoup que Châtillon n'eût pas été mis en état de défense et fût perdu : c'était un grand malheur.

Il donna une approbation sans réserve aux travaux de défense entrepris par le général Chabaud-Latour, et, tranquille de ce côté, jugeant les fortifications désormais à l'abri d'un coup de main, il tourna les yeux vers l'intérieur.

Il prit immédiatement trois mesures capitales :
Il fit fermer tous les clubs,
Interdit l'affichage,
Suspendit la liberté de la presse.

Mais, avec un tact fin que son apparente rudesse ne faisait pas deviner, il organisa un système de publicité que nous décrirons plus loin, et qui donna pleine satisfaction à l'opinion publique.

Le lendemain, en s'éveillant, la population apprit ces décisions avec une satisfaction des plus vives; elle n'était pas habituée à une pareille fermeté; tous les honnêtes gens applaudirent et reprirent confiance. Mais ce n'était pas l'affaire des anarchistes; se sentant atteints, ils voulurent se venger; leur rage ne connut plus de bornes. Le soir même on en vit les effets.

Aussitôt ces mesures prises, le maréchal porta son attention sur les approvisionnements de vivres; il s'en fit rendre un compte aussi exact que possible dans l'état de confusion où se trouvaient toutes les administrations. Sans attendre un seul jour, il prescrivit le rationnement immédiat, fit recenser tous les vivres existants chez les marchands et dans les magasins, et réglementa lui-même avec le plus grand soin cet important service, qui, chose remarquable, ne donna lieu à aucune plainte, tant il était bien ordonné, surveillé et exécuté. Nous en expliquerons le mécanisme.

Rien n'échappait à son œil clairvoyant; il avait été frappé, lors de son entrée à Paris, de l'ignoble spectacle qu'il avait eu sous les yeux en dehors des fortifications : une fourmilière de maraudeurs et de femmes de mauvaise vie infestaient les environs de Paris, servaient d'espions aux Prussiens et démoralisaient les troupes. Il donna les ordres les plus sévères pour que, dès le lendemain de son arrivée, les portes fussent hermétiquement fermées, et tous les maraudeurs furent arrêtés. Ils disparurent, on n'en revit plus.

LA REVUE.

Ces mesures prises dans la nuit même, il convoqua l'armée à une revue au Champ de Mars, à midi. Elle s'était battue la veille 19. Ducrot avait échoué dans sa tentative audacieuse de reprendre Châtillon. Elle s'achemina triste et humiliée vers le Champ de Mars, sans se rendre compte de l'objet de cette revue, qu'elle jugeait intempestive et rebutante, car personne, sauf les membres du Gouvernement provisoire, ne connaissait encore la présence du maréchal à Paris. Il partit de l'hôtel des Invalides, où il avait établi son grand quartier général, accompagné du brave gouverneur, son ancien compagnon d'armes, et tous deux, à cheval, se rendirent à l'École militaire, où les membres du gouvernement les avaient précédés et s'étaient installés au balcon.

Les troupes étaient massées des deux côtés du Champ de Mars, laissant un large passage au milieu. Le maréchal s'avança seul en tête de son état-major dans cet espace vide. A son aspect, un murmure d'étonnement se fit entendre; aucun soldat ne reconnaissait le général Trochu, pour lequel il y avait peu de sympathie dans l'armée; mais un nom circula bientôt de bouche en bouche : Pélissier! Est-ce possible? est-ce une illusion? Quelques officiers s'approchent : c'est bien lui! A sa vue, l'espérance renaît, la joie fait explosion, le cri de *Vive le maréchal Pélissier!* détonne, répété par deux cent mille voix; il est difficile de maintenir les rangs, l'enthousiasme est à son comble, il tient du délire. Cette même troupe, amas incohérent, composée de fuyards, de conscrits, de mobiles, un instant auparavant morne, humiliée, découragée, peut-être même prête à se mutiner, électrisée à la vue de son ancien chef, dont elle connaît l'opiniâtre fermeté, se croit invincible à présent, et ne demande plus qu'à marcher à l'ennemi. C'est qu'il est des moments dans la vie des peuples où la présence d'un seul homme exerce une influence irrésistible et produit des miracles.

Le maréchal, toujours impassible et fier, se place au milieu du Champ de Mars; l'air retentit de cris enthousiastes, le défilé se fait par bataillons serrés en masse, au pas accéléré. Quand il est terminé, le maréchal, à la tête de son état-major, se dirige vers les Invalides. Une foule immense et menaçante encombre les avenues, avec la prétention d'exiger le retrait des mesures affichées dans la matinée. Mais au lieu du trop faible général Trochu, dont elle croyait avoir bon marché, elle voit apparaître cet homme au torse robuste, à la face bronzée, dont les yeux de taureau surmontés d'épais sourcils noirs, contrastant avec une chevelure entièrement blanche et hérissée, donnent à sa physionomie un aspect terrible, devant lequel tremblent les plus braves. Son sourire même est effrayant, car il semble un grincement de dents. La foule, à son approche, s'ouvre frémissante, lui livre passage avec rage, les poings crispés, fascinée par son regard; semblable à la bête féroce en face du dompteur, elle rugit, gratte la terre avec ses ongles, grince des dents jusqu'à ce que, sentant son impuissance, elle rampe à ses pieds.

Furieuse, l'anarchie sent sa proie lui échapper, elle jure de se venger. Mais déjà le grand nom de Pélissier circule dans tout Paris et ramène l'espoir, la confiance dans les cœurs honnêtes et patriotes. Il semble qu'on se réveille d'un horrible cauchemar : on se croit sauvé!

INSURRECTION.

A son retour aux Invalides, le maréchal y trouva le préfet de police, venu pour le prévenir qu'une redoutable insurrection se préparait pour le soir même; il était fort inquiet et annonçait que des masses énormes, poussées par les sociétés secrètes, descendaient des faubourgs pour s'emparer de l'hôtel de ville, avec l'intention arrêtée de proclamer un gouvernement révolutionnaire. Il demandait qu'on réunît immédiatement cent mille hommes des meilleures troupes autour de l'hôtel de ville. Le maréchal, après l'avoir écouté, réfléchit pendant quelques instants, et, se tournant vers ses jeunes officiers d'état-major, les envoya au galop dans toutes les casernes porter aux troupes l'ordre de s'y enfermer, et, au besoin, de s'y défendre sans hésitation ni faiblesse; puis, prenant à part le préfet de police, il lui donna ses instructions, qui le firent sourire, et le congédia.

La population honnête, si satisfaite le matin même de la suppression des clubs, commençait à trouver qu'il eût mieux valu y mettre plus de ménagements, qu'on eût pu transiger et échapper au danger si menaçant auquel on allait être exposé. Les gens faibles savent toujours mauvais gré aux hommes énergiques de braver le danger. Parlementer, temporiser, concéder, est bien plus de leur goût; ils n'avaient été que trop accoutumés à ce honteux système par le gouvernement emphatique et timide qui s'était emparé du pouvoir quinze jours auparavant.

Mais il ne fallait pas compter sur cette lâche mollesse de la part du maréchal. Calme et sévère, il s'était rendu à l'hôtel de ville, dont il avait confié la garde aux anciens sergents de ville et aux gardes municipaux. A peine y était-il arrivé, qu'on entendit dans le lointain le bruit sourd de la foule houleuse, dont le flot se précipitait agité, menaçant, et déboucha enfin en hurlant sur la place de Grève. En un instant, toutes les boutiques s'étaient fermées, une immense clameur montait au ciel; la nuit était sombre, le vieil édifice restait plongé dans l'obscurité : ce calme inattendu préoccupait les meneurs et les rendait circonspects. Tout à coup, toutes les fenêtres de l'hôtel de ville s'ouvrirent simultanément, et l'on vit reluire à chacune d'elles des canons de fusil. A cette vue peu rassurante, bon nombre d'émeutiers s'esquivèrent, et la plupart de leurs chefs essayèrent de s'éclipser. La masse, hésitante, inquiète, restait en place, quand tout à coup des cris perçants éclatent dans les rues avoisinantes; une horripilante terreur s'empare instantanément de cette foule déjà ébranlée : elle s'élance dans toutes les directions pour fuir un danger inconnu. Rien ne peut donner une idée de l'effroyable désordre, du pêle-mêle affreux qui se produit en une seconde : hommes, femmes se ruant éperdus en tous sens, se heurtent, bousculés, renversés, écrasés. Tels, en un champ de foire, les animaux, subitement affolés par une cause dont jamais on n'a pu se rendre compte et qu'on appelle la mouche, se précipitent terrifiés : malheur à qui se trouve sur leur passage! Aucun obstacle ne peut les arrêter; fous d'effroi, dans leur course furibonde ils brisent tout et ne s'arrêtent enfin qu'à grande distance, épuisés, haletants. C'est exactement ce que l'on vit alors : les fuyards coururent épouvantés jusqu'à leur demeure, où ils se barricadèrent; là seulement ils reprirent leurs esprits. Voici ce qui s'était passé :

Dans les rues aboutissant à l'hôtel de ville avaient été placés des appareils électriques dissimulés dans les boutiques; lorsque la foule fut compacte, des hommes sûrs, apostés dans les maisons, lancèrent des décharges d'électricité qui renversèrent brusquement tous ceux qu'elles atteignirent; ils se crurent frappés par des fusils à vent, dont on parlait beaucoup alors, et poussèrent des hurlements d'effroi. La foule cria à la trahison.

Un trouble effroyable se répandit instantanément de proche en proche, la panique fut générale; on y avait compté, et pour l'aggraver, de gros fils de fer avaient été tendus en travers de toutes les rues à peu de hauteur. Au milieu de l'obscurité, les fuyards tombèrent à terre en grappes humaines, et, meurtris, épouvantés, ne respirèrent qu'en se retrouvant dans leur logis.

Très-peu furent blessés grièvement, mais tous furent plus ou moins contusionnés.

Le maréchal trouva la leçon suffisante, il ne fit exercer aucune poursuite.

Mais les chefs des sociétés secrètes, furieux d'avoir échoué dans leur criminelle tentative, jurèrent de se venger. Ils en saisirent l'occasion plus tard, au 31 octobre.

A la nouvelle de la capitulation de Metz, ils parvinrent encore à soulever l'écume de la population; mais, cette fois, le maréchal fut plus sévère : il fit cerner les insurgés, tous furent pris. Les chefs, livrés à des cours martiales, furent immédiatement passés par les armes; le reste, condamné aux travaux publics, fut mis à la chaîne et employé à creuser des tranchées. Ce fut la dernière tentative d'insurrection, la dernière convulsion de l'anarchie.

Après la répression de l'émeute, on applaudit à la fermeté du maréchal, qui, en assurant la tranquillité, avait décuplé les forces de la défense; les gens timides, enclins jusqu'alors à la critique, reconnurent que le système des concessions eût produit des effets tout contraires, et n'était en réalité que le signe d'une impuissance hypocrite.

La satisfaction fut vive et générale, la confiance entière, et la population saine, débarrassée des éléments impurs, animée des sentiments les plus patriotiques, était prête à tous les sacrifices pour repousser l'ennemi.

L'IDÉE DU MINISTRE.

Le ministre des affaires étrangères, effrayé des menées du parti révolutionnaire, qu'il connaissait bien, encore ému de l'insurrection qui venait d'être comprimée, voyait l'avenir sous les plus sombres couleurs. Il ne croyait pas à la possibilité d'une résistance prolongée, et, loin de le rassurer, l'indomptable énergie du caractère bien connu du maréchal était pour lui un sujet d'effroi. Le découragement l'avait envahi.

Il fut tiré de ses noires prévisions par une idée qui traversa son esprit. La vanité lui souffla à l'oreille que son éloquence, secondée au besoin par ses larmes, pourrait toucher l'homme d'État qui tenait en ses mains nos dépouilles, et le décider à s'en dessaisir, sauf à concéder un tribut.

Plein d'espoir, il court chez le maréchal pour en obtenir un laisser-passer.

Aux premiers mots, le maréchal fait un soubresaut, et l'arrête court par un refus des plus nets :

— Voyez-vous le ministre des affaires étrangères errant par les chemins boueux de la Brie, à la recherche de l'état-major ennemi, le joignant enfin, le suivre en suppliant jusqu'à ce qu'il ait obtenu la grâce d'être entendu, et, raillé, bafoué, humilié, subir la honte d'être éconduit! Vous n'avez pas réfléchi que ce n'est pas votre personne, mais le représentant de la France que vous exposeriez ainsi aux outrages; je ne le permettrai jamais. Lorsque le moment sera venu de traiter, je m'en chargerai; nul autre que moi ne négociera; et soyez certain, qu'heureux ou malheureux, je me serai assez fait craindre pour être respecté.

Sur ces mots, il le congédia, et le ministre se retira penaud, mais non convaincu.

LA PRESSE.

Revenons un peu en arrière. Les journaux avaient été suspendus; mais, dans ces temps d'épreuves, le public a soif de nouvelles : l'en priver eût été lui imposer une des plus cruelles souffrances. Le maréchal voulait donner satisfaction à cette légitime exigence, et concilier le respect de la propriété avec les nécessités de la situation. Il imagina de réunir les rédacteurs de journaux et de les faire concourir à la rédaction du *Journal officiel,* sous le contrôle d'une commission composée de vingt-quatre académiciens, qui choisissaient les articles les mieux faits. Ce journal, dont on tirait quatre éditions par jour, était distribué à tous leurs abonnés et vendu sur la voie publique. Une commission, composée des délégués de chaque journal, en surveillait l'administration; les bénéfices réalisés étaient partagés entre les diverses entreprises, au prorata du nombre de numéros qu'elles tiraient antérieurement.

Un personnel de reporters fut attaché à chaque corps d'armée; il rendait compte dans l'*Officiel* de toutes les opérations militaires. Des récits, faits dans un style imagé, imprimés en regard des rapports officiels qu'ils contrôlaient, offraient un intérêt particulier, et souvent le maréchal, qui leur laissait une entière liberté d'appréciation, y puisa des renseignements utiles. Tous les intérêts furent ainsi sauvegardés, et le public fut pleinement satisfait.

LES APPROVISIONNEMENTS.

La question des approvisionnement était capitale, tout dépendait de leur durée; aussi le maréchal s'en fit rendre compte dès le jour de son arrivée. Il reconnut qu'en laissant continuer le gaspillage, les vivres ne pourraient durer plus de quatre ou cinq mois. Il faut avoir été témoin de l'effroyable désordre qui régnait alors pour s'en faire une idée. La peur de la famine, agissant sur les imaginations, poussait les uns à faire des approvisionnements dont l'exagération évidente ne suffisait pas pour les rassurer; ils en accumulaient toujours, quoiqu'ils en eussent déjà pour plusieurs années. Chez d'autres, l'avarice, la passion du lucre excitaient la spéculation à emmagasiner, dans l'espoir d'un renchérissement et de grands profits.

Le pain, qui aurait dû être ménagé avec parcimonie, était prodigué au point de servir à la nourriture des chevaux.

Les bestiaux, qui avaient été réunis en immense quantité, mal nourris, mal soignés, sans abris, grelottaient la fièvre, dépérissaient à vue d'œil, et mouraient en grand nombre.

Les pommes de terre, si précieuses, servaient à faire des épaulements, les betteraves bordaient les embrasures.

Les récoltes pourrissaient dans les champs ou étaient saccagées.

L'ivrognerie était en permanence dans toute la ville.

De si criants abus étaient intolérables. Le maréchal y mit ordre tout d'abord. Il prescrivit le rationnement immédiat. La ration fut fixée par une commission d'hygiène et distribuée régulièrement à domicile : les indigents la recevaient gratuitement. Il réquisitionna les vivres chez les marchands et dans les magasins. Dès lors, il ne fut plus possible de donner du pain aux chevaux. Il ordonna d'abattre chaque jour, outre la quantité de bestiaux nécessaires à la consommation journalière, tous ceux que l'on pouvait saler en vue de l'avenir. Le troupeau de vaches fut conservé avec le plus grand soin pour en distribuer le lait aux malades et aux enfants. Et pour être assuré qu'elles ne manquassent jamais de fourrage, on récolta toutes les feuilles des arbres et des bois environnant Paris pour en former une réserve de fourrage, qui dans la suite fut fort utile.

Il fit abattre tous les chevaux impropres à la cavalerie, et les fit saler : ce fut un très-important supplément de vivres. La même mesure fut appliquée aux chiens, aux chats.

Rien n'était perdu ; les ossements mêmes, traités par les acides, étaient ramollis et employés très-utilement à l'alimentation.

Les immondices de la ville, dont on ne savait comment se débarrasser, étaient jusque-là jetées dans la Seine : c'étaient des richesses perdues ; elles furent utilisées à faire des couches de champignons dans les catacombes : d'immenses quantités de ce nourrissant légume furent ainsi produites. Toutes les récoltes en terre furent recueillies avec soin et payées à leurs propriétaires.

L'important service des vivres, confié à une commission composée des hommes spéciaux les plus considérés, fut dirigé pendant tout le siége avec une telle entente et tant de régularité, qu'il n'y eut jamais de plainte ni de mécompte, tant la surveillance fut exacte et attentive.

L'ivrognerie disparut.

Grâce à tous ces soins et au bon ordre, la durée des vivres fut presque doublée, et personne n'eut à souffrir de sérieuses privations.

Jamais la santé publique ne fut meilleure, jamais la mortalité ne descendit à un chiffre aussi bas.

Grand exemple de ce que peut une réglementation habile, appliquée avec sagesse et intelligence.

LE COMBUSTIBLE.

La sollicitude du maréchal s'étendait à tout. Il se préoccupait de l'hiver, quoique l'on fût à peine arrivé aux derniers beaux jours de l'été, et que l'hiver parût encore bien éloigné ; mais il semblait qu'il eût le don de longue vue, et sans perdre un moment, il interdit l'éclairage au gaz, fit recueillir tout le charbon, le bois, les rationna. Plus tard, il fit abattre des bois, mais avec discernement, et l'on fut heureux, lorsque le rude hiver de 1870 fut arrivé, que sa prévoyance se fût étendue sur ces objets, dont le défaut eût occasionné de véritables tortures.

ARMEMENT. — MUNITIONS.

Sûr désormais d'avoir du temps devant lui, le maréchal porta son attention sur l'armement et les munitions. Tout était à créer. Il travaillait jour et nuit sans ressentir jamais de fatigue; donnant à peine quelques heures au repos, quelques instants aux repas, présent partout, pensant à tout, exigeant de tous la même ardeur, le même dévouement, il obtint des résultats qui tenaient du prodige. En moins de huit jours tout avait changé de face; la ville entière, naguère si troublée, était une ruche dans laquelle chacun avait sa place marquée, son utilité, et ces deux millions d'êtres humains, unis dans une même pensée, travaillant dans un même but avec une ardeur égale, offraient le spectacle sans exemple d'une immense agglomération surexcitée par le sentiment du plus pur patriotisme. Le maréchal savait, par son exemple, enflammer le zèle de ceux qui l'approchaient, et tirer un parti merveilleux des hommes et des choses, et son ferme bon sens devinait toujours ce qu'il y avait de mieux à faire.

— L'ennemi, disait-il, nous est supérieur par le nombre et l'armement, mais nous avons plus de travailleurs que lui, nous élèverons des redoutes, des retranchements; plus tard, nos travailleurs deviendront des soldats; nous fabriquerons nos armes nous-mêmes, notre infériorité disparaîtra; nous avons du temps devant nous, employons-le bien, et nous battrons l'ennemi à notre tour.

Sa parole persuasive pénétrait de confiance les plus découragés.

Il fallait des armes, elles manquaient; à peine avait-on pu armer les remparts et les forts avant l'investissement, à peine avait-on quelques centaines de pièces de campagne et quelques milliers de chassepots. Il voulait créer cinq mille pièces de position, autant de pièces de campagne, et cinq cent mille chassepots. C'était absolument impossible au dire des hommes les plus compétents; mais rien n'était impossible à sa ferme volonté. Il résolut de faire appel à l'industrie privée, qui seule pouvait surmonter les obstacles. Il réunit les chefs des usines travaillant le fer, réquisitionna tous les forgerons, maréchaux, serruriers, armuriers, etc., les embrigada, et les mit à la disposition des fabricants. Il réquisitionna tout le bronze, l'acier, le fer, dont une grande ville contient une énorme quantité. Comme il craignait de n'en pas avoir assez, il prescrivit de livrer aux usines tous les appuis en fer des croisées, et de les remplacer par des cordes. Dès le lendemain, il était obéi. Il aurait exigé la démolition des maisons, qu'on eût obéi de même sans hésitation, tant était grand déjà son ascendant sur cette vaillante population, trop méconnue, dont l'ardent patriotisme ne demandait qu'à être bien dirigé par un chef vraiment digne de la commander pour produire des miracles : elle le prouva.

Ah! quel beau temps! quels exemples sublimes! quel élan, quelle abnégation! Qu'ils sont fiers aujourd'hui, ces braves gens, d'avoir pris part à cette héroïque défense!

La fabrication des canons, des fusils, se développa avec une rapidité inespérée; et l'on vit bientôt combien avait été sage la résolution prise de la confier à l'industrie privée : en quatre mois elle fut presque complète, ainsi que celle des projectiles.

Il fallait aussi des cartouches; des ateliers de femmes furent organisés, qui en fabriquèrent à profusion.

Dès les premiers jours, il fut évident qu'elles ne feraient jamais défaut.

Ce n'était pas tout d'armer les troupes, il fallait encore les vêtir. Tous les draps furent requis ainsi que tous les tailleurs, et chaque jour de chauds vêtements, confectionnés avec le plus grand soin, étaient livrés aux troupes; il en était de même pour les chaussures. Plus tard, lorsque le froid sévit avec rigueur, des vêtements supplémentaires furent distribués à propos; les troupes, toujours bien nourries, bien vêtues, ne souffrirent jamais des intempéries; leur état sanitaire se maintint toujours excellent.

L'ARMÉE DE PROVINCE.

Le maréchal savait pourvoir à tout avec une promptitude due à la sûreté de son coup d'œil. Dès le soir de son arrivée, il avait mandé près de lui le général Borel de Bretizel, qu'il avait connu jeune officier d'état-major du plus grand mérite.

Celui-ci, en entrant, fut confondu de se trouver en présence du maréchal, qu'il croyait mort depuis longtemps, et comme il le témoignait :

— Je vous expliquerai cela quand nous nous reverrons.

Je reviens pour sauver la France! Le commandement supérieur m'appartient. Voici mes ordres :

Vous partirez en ballon à quatre heures du matin. Aussitôt que vous aurez pris terre, vous m'en donnerez avis laconique par pigeons.

Vous vous rendrez à Bourges. Vous y appellerez Crémieux et Glais-Bizoin, qui paradent ridiculement à Tours. Ils vous remettront tous leurs pouvoirs; au besoin, vous les y contraindrez. Vous leur intimerez l'ordre de se taire et de se retirer à Clermont-Ferrand : leur rôle est fini.

Vous réunirez près de vous tous les généraux et amiraux en activité ou en disponibilité qui se trouvent en France; vous convoquerez le maréchal Vaillant, qui a été forcé par une émeute de quitter Paris : c'est un savant homme, auquel vous confierez le commandement supérieur du génie dans toute la France. Je vous indiquerai les travaux à faire exécuter sur une donnée générale. Vous distribuerez les commandements d'après les aptitudes spéciales, et vous exercerez sur l'ensemble des opérations la direction supérieure à laquelle vous donnent droit vos talents, votre patriotisme et ma confiance.

Voici votre brevet de général en chef de toutes les armées.

Le général, ému, s'incline.

— Ne me remerciez pas; dans les circonstances

où nous sommes, c'est une terrible responsabilité que je vous impose ; la hiérarchie doit fléchir.

Comme ligne de conduite, pas de politique. Je suis le Gouvernement de la défense nationale. Je prétends délivrer la France, mais non pas fonder un gouvernement ; acceptez tous les dévouements, d'où qu'ils viennent ; que tous les cœurs, tous les bras soient unis pour repousser l'ennemi.

Ne songez pas à secourir Paris : j'y suis, cela suffit. Je saurai le défendre et en sortir quand il le faudra. C'est alors que vous aurez à concourir aux opérations générales que je vous expliquerai. Vous avez cinq mois pour organiser la nation tout entière en armée. Vous appellerez tous les hommes valides de dix-huit à quarante ans : les infirmités seront les seuls cas d'exemption du service militaire. Les ecclésiastiques se dévoueront avec bonheur au service des hôpitaux et des ambulances. Vous réunirez ainsi deux millions d'hommes : jamais, en aucun temps, on n'a vu une masse aussi écrasante : l'armer, l'équiper, l'approvisionner, l'instruire, et plus tard la diriger, voilà votre mission ; votre patriotisme saura s'élever à la hauteur d'un aussi grand devoir.

Évitez de changer les uniformes : ils ont leurs traditions.

Supprimez tous les corps de francs-tireurs, de

mobiles, de mobilisés : ce sont des divisions inutiles et gênantes. Fondez-les tous dans la ligne : ce sera plus simple et meilleur.

Attachez-vous à augmenter et à perfectionner l'artillerie; munissez chaque batterie de télémètres [1] et de longues-vues; ces instruments rendent le tir plus efficace et augmentent ainsi l'effet utile.

Il est essentiel d'attacher à chaque batterie un bataillon de chasseurs, qui fasse corps avec elle et ne la quitte plus. Il s'établira une confraternité, une solidarité qui, un jour de bataille, doublera les forces.

Expédiez immédiatement aux préfets l'ordre de réunir sans retard tous les hommes au chef-lieu de canton, et d'y passer la révision; en huit jours elle devra être terminée, et en quinze jours tous ces hommes devront être arrivés aux points de concentration que vous aurez indiqués, et qu'ils atteindront avec le moins de bruit possible.

Vous choisirez pour réunir ces troupes des contrées abritées par la nature ou faciles à mettre promptement en défense. Dans le Nord, le réseau des places fortes est une suffisante protection; dans la Manche, il sera facile de se couvrir en pratiquant d'immenses inondations. A l'Ouest, la

[1] Instrument servant à mesurer les distances.

configuration du terrain, coupé en tous sens, permettra avec quelques travaux de fermer tout le pays. Dans le Centre, le massif des montagnes d'Auvergne sera une retraite assurée, impénétrable. Dans le Midi, il faudra se faire un rempart de la Gironde; de plus, la grande distance sera une garantie. Enfin, à Lyon, le Rhône est une bonne barrière, mais pas assez sûre. Vous aurez à surveiller ce point tout particulièrement; c'est là qu'il faudra mettre vos meilleures troupes, composées d'anciens soldats.

Vous aurez donc six armées :

1° L'armée du Nord, couverte par les places fortes;

2° L'armée de la basse Normandie, garantie contre toute attaque par de vastes inondations, et dont Cherbourg sera en quelque sorte le réduit;

3° L'armée de l'Ouest, protégée par des travaux exécutés par le génie, ayant pour appui Brest et Lorient;

4° L'armée du Centre, enfermée hermétiquement dans les montagnes;

5° L'armée du Midi, défendue contre toute attaque par la Gironde et appuyée sur les Pyrénées;

6° Enfin l'armée de Lyon, s'étendant le long du Rhône jusqu'à Marseille, et sur laquelle j'appelle votre attention; c'est le point vulnérable.

Le problème à résoudre est de former ces armées sans combattre, de les équiper, armer, entretenir et instruire. Ayez recours à l'industrie privée, mais exercez une surveillance sévère sur les fournitures. Une armée de deux millions d'hommes coûte cher, mais il vaut mieux dépenser pour repousser l'ennemi que pour lui payer tribut.

Vous aurez à organiser une immense administration et à faire exécuter des travaux gigantesques, mais ne pensez pas à combattre ; ne devancez pas mon appel, ne songez pas à secourir Paris, et surtout ne faites pas de politique. Lorsque le moment sera venu pour vous d'entrer en ligne, la Prusse, qui a voulu nous étouffer sous le nombre, sera étouffée elle-même sous un nombre double.

Nous ne nous reverrons que sur le champ de bataille. Si vous exécutez bien mes instructions, ce jour-là sera glorieux, je vous le prédis.

Le général, plein d'admiration pour le génie qui enfantait d'aussi vastes conceptions avec tant de clarté et d'instantanéité, était en quelque sorte ébloui.

— Tout ce que peut le dévouement le plus absolu, répliqua-t-il enfin, je le ferai, dussé-je y user ma vie en trois mois. Je vous ai compris. Comptez que dans un mois l'armée sera réunie, et qu'avant quatre mois elle sera prête à marcher à vos ordres.

— J'y compte.

Et serrant la main du général, ému jusqu'aux larmes, il lui dit adieu.

Le lendemain, à l'aube du jour, nos ennemis purent, de leur camp, discerner dans l'espace un globe opaque emporté à perte de vue par le vent : c'était, sans qu'ils s'en doutassent, leur point noir.

LES GROTESQUES.

Le ballon qui portait le général Borel s'abattit dans les environs de Tours. Le général en profita pour accomplir immédiatement sa mission auprès des délégués du gouvernement. La grande place de la ville était encombrée de monde, c'était jour de marché; les affaires étaient paralysées, le mécontentement était vif et général : rien ne se vendait.

Crémieux et Glais-Bizoin, au balcon de l'hôtel de ville, péroraient, gesticulaient; le ridicule frisait le grotesque; de loin surtout c'était, à s'y méprendre, le théâtre de Guignol : son commissaire crépu, son Polichinelle nasillard; il n'y manquait que les bâtons.

Ces deux vieillards sur les tréteaux cherchaient

à flatter la foule; ils s'agitaient, mais ils ne trouvaient pas la note; rien ne leur réussissait, les visages restaient sombres, ils se battaient en vain les flancs et s'enrouaient inutilement.

Une grosse femme vint à passer, qui rencontrant son fils :

— Que fais-tu là, vaurien, fainéant?

— Je regarde le Gouvernement qui joue la comédie.

— Eh bien, tiens, v'là pour le mal peigné et pour le mal lavé.

Et lui appliquant deux gifles sonores :

— Porte-leur ça de ma part, c'est ma redevance!

Le gamin poussa des cris perçants; les assistants éclatèrent de rire, et les lazzi, les huées, les pierres enfin, se mirent à pleuvoir sur les orateurs en plein vent, qui s'empressèrent de se cacher derrière les volets. Ils n'avaient pas de chance ce jour-là, le général Borel entrait au même instant : c'était tomber de Charybde en Scylla. Ils regimbèrent, protestèrent, supplièrent, pleurèrent même, tout fut inutile. Il fallut se résigner à obéir, et s'installer de mauvaise grâce à Clermont-Ferrand.

Leur chute n'ébranla ni le monde ni même la petite ville de Tours : elle passa inaperçue. Aucun bruit ne consola leur sénile vanité.

L'ARMÉE DE PARIS.

Lors de l'investissement, l'armée de Paris comptait deux cent quatre-vingt-dix mille hommes tout compris, le plus grand nombre sans armes, sans vêtements, sans instruction.

Partant de ce principe que tout homme en état de porter les armes devait se dévouer à la patrie, le maréchal incorpora dans l'armée tous les hommes de seize à soixante ans sans exception; les malingres, les vieillards, les infirmes comblèrent les vides dans les administrations. La population parisienne fournit ainsi cinq cent mille hommes, la plupart sans instruction militaire, il est vrai; mais, sous le souffle puissant qui la soulevait, cette poussière humaine prit rapidement une cohésion merveilleuse.

Les femmes donnaient l'exemple du dévouement en se consacrant aux soins des malades et des blessés; dans toutes les classes, c'était une émulation indicible d'abnégation; les enfants eux-mêmes aspiraient à se rendre utiles.

L'organisation était admirable. Chacun dans sa sphère concourait sans force perdue avec un ensemble, un ordre incomparable et une apparente facilité à la prodigieuse conception administrative de l'esprit profond dont le bon sens et la justesse de vues savait triompher d'obstacles réputés insurmontables.

Avec quel art il dirigeait vers un même but une population jusqu'alors si divisée, si sceptique et si railleuse! Tout devenait facile parce que tout était coordonné.

C'est qu'il avait su réveiller un sentiment noble et vrai, qui existe au fond des âmes même les plus abaissées, heureuses de se relever sous l'impulsion d'une main puissante; tous, hommes, femmes, enfants, à quelque classe qu'ils appartinssent, étaient fiers de consacrer leurs forces à la défense de la patrie, et prêts à tous les sacrifices sur un signe du maréchal, dont l'autorité respectée était sacrée.

L'ardeur était telle, que les vieillards au-dessus de soixante ans, que les enfants au-dessous de seize ans réclamaient leur incorporation dans l'armée, et, ce qui est plus extraordinaire encore, c'est que les mères elles-mêmes y engageaient leurs enfants. Il fallut céder. Cet entraînement était trop noble et trop général pour que le maréchal y résistât. Mais, avec ce tact parfait qu'il savait allier à la fermeté, il forma deux corps de volontaires, l'un sous le nom des Vieux, composé des hommes de plus de soixante ans, l'autre sous le nom des Jeunes, âgés de moins de seize ans, et les consacra à la garde des remparts, dont le service, n'exigeant pas de longues marches, était peu fatigant. Chaque poste fut composé par parties égales de troupes de chacun des deux corps. Des ménagements inusités leur furent accordés. Le maréchal avait pour ces volontaires une sollicitude toute particulière. Il allait souvent les visiter, il en était adoré : il était pour les vieux le *Frère*, pour les jeunes le *Père*.

Voulant les préserver des effets d'un bombardement possible, il fit construire partout des casemates, qui les mettaient à l'abri du danger.

Ce fut encore un renfort de près de cent mille hommes, car les troupes qui auraient été affectées à la défense des secteurs devinrent dès lors disponibles.

Agglomérer des hommes ne suffit point pour constituer une armée; il faut leur donner l'instruction, l'esprit militaire; le maréchal y mit tous ses soins. Sa puissante impulsion, secondée par le patriotisme général, obtint des résultats prodigieux; la cavalerie était faible, mais l'infanterie, au bout de peu de temps, devint formidable; et l'artillerie, à laquelle il attachait une importance capitale, se formait et s'augmentait chaque jour.

Qu'ils tremblent maintenant nos fiers envahisseurs! Ils croient toucher au but de leurs efforts, ils savourent d'avance les joies du retour triomphal dans leur patrie; mais la nation, un instant étourdie par le coup de revers inattendus, se relève à la voix d'un héros. Ils n'ont pas conscience du danger suspendu sur leur tête; les nuages s'amoncellent, l'orage se prépare. Si la main du Tout-Puissant s'appesantit sur eux, un jour viendra peut-être où ils seront à leur tour à la merci d'un vainqueur!

ORGANISATION DE LA DÉFENSE.

Le maréchal avait approuvé les dispositions prises pour la défense. Les fusiliers de la marine, troupe incomparable sur laquelle on pouvait absolument compter, gardaient les forts, que le maréchal jugea à propos de relier entre eux par de solides ouvrages en terre; de plus, il fit construire de grandes redoutes à quinze cents mètres en avant des forts du Sud, aux Hautes-Bruyères, au *moulin Saquet;* enfin, à cinq cents mètres en avant de ces redoutes, une seconde ligne de tranchées soutenues par des blockhaus. Ces ouvrages importants furent rapidement exécutés par une armée de travailleurs sous le feu des Prussiens, qui firent plusieurs tentatives infructueuses pour les entraver. Les combats qu'ils livrèrent coûtèrent la vie à plus d'un brave; c'est là que périrent, regrettés de toute l'armée, l'intrépide et brillant général Guilhem, le jeune commandant de Dampierre, et bien d'autres encore.

Dans l'esprit du maréchal, ce n'étaient que des travaux préparatoires ; il les perfectionna à tel point, qu'un petit nombre d'hommes suffisait à les garder, et l'ennemi ayant échoué dans toutes ses tentatives de destruction, renonça bientôt à les renouveler.

LES IMPATIENTS.

Certes, ces conceptions portaient l'empreinte d'un génie profondément organisateur. Avoir en quelques jours, dans des circonstances aussi difficiles, dompté l'émeute, assuré l'alimentation d'une population de deux millions d'hommes, discipliné, créé une armée de huit cent mille combattants, pourvu à tous ses besoins, à son instruction, à son armement, assuré la défense, c'était là une œuvre digne d'admiration. Eh bien, ce n'était pas assez au gré des impatients : les plus découragés la veille encore étaient les plus dénigrants : — Pourquoi ne marche-t-on pas à l'ennemi ? pourquoi la ville n'est-elle pas débloquée ? qu'attend-on ?

Le maréchal, dont l'oreille était toujours ouverte au moindre bruit, ne voulut pas laisser se propager ces sottes critiques ; il les fit afficher, et au-dessous il publiait un avis à tous ceux qui se les permettaient, les conviant à se trouver le lendemain matin au Champ de Mars, et leur promettant de leur faire voir l'ennemi de près. Personne ne s'y rendit : les beaux parleurs furent couverts de ridicule et se le tinrent pour dit.

CONVERSATION INTÉRESSANTE.

Toutefois, ce qui était plus grave, le vulgaire n'était pas seul à trépigner; les généraux eux-mêmes s'étonnaient qu'on ne tentât aucune entreprise. L'intrépide Ducrot bouillait d'impatience; Trochu prenait un air frondeur; il n'était pas jusqu'au sage et prudent Vinoy qui ne s'étonnât de cette apparente inaction. Un jour qu'ils partageaient le frugal repas du maréchal, la conversation s'engagea sur ce sujet. Ducrot réclamait l'honneur de faire une trouée à la tête de cent mille hommes, et de se faire tuer s'il le fallait.

— Mon cher général, lui répondit le maréchal, votre mort nous priverait d'un brave homme et n'avancerait en rien nos affaires. En supposant que vous parvinssiez à percer les lignes prussiennes, quand vous seriez sorti, où iriez-vous? Croyez-vous, avec cent ou même deux cent mille hommes de jeunes troupes inexpérimentées, pouvoir tenir la campagne pendant la saison rigoureuse qui approche, contre les armées ennemies, doubles en nombre, aguerries? Convenez que ce serait un miracle. Vous sacrifieriez ainsi de bons soldats sans utilité; je n'y consentirai jamais.

— Et vous aurez raison, repartit Vinoy. Mais on pourrait escarmoucher, fatiguer l'ennemi par de petites sorties, lui tendre des embuscades, lui infliger des pertes en détail, le décourager enfin à la longue.

— N'y comptez pas : la persévérance est sa qualité dominante; il ne se lassera pas d'attendre, car il croit que sa proie ne peut lui échapper. Les pertes qu'il subirait seraient plus que compensées par les nôtres, et les larmes qui couleraient à Berlin ne sécheraient pas celles qui couleraient à Paris.

— C'est parfaitement vrai, dit alors Trochu d'un ton sentencieux; il est de principe qu'une place forte ne peut être débloquée que par une armée de secours : c'est élémentaire. Il n'y a donc rien à faire jusqu'à ce que les armées de province viennent nous délivrer; alors seulement nous marcherons au-devant d'elles. D'ailleurs, l'armée de Metz peut arriver d'un moment à l'autre, et tout serait sauvé.

— D'abord, l'armée de Metz ne viendra pas. Nous sommes en octobre; si elle eût pu nous secourir, c'eût été en août, peut-être en septembre. J'ignore par quelle cause elle en a été empêchée; c'est un point obscur que je crains de pénétrer; mais il est certain que maintenant elle est sacrifiée, et qu'il n'y a plus aucunement à compter sur elle. Quant aux armées de province, il faut quatre mois pour les préparer.

— Alors tout est perdu?

— Nullement. Votre théorie, nous l'avons tous apprise dans les livres; elle est sans application dans le cas présent. Les armées de province ne sont pas encore formées, et quand elles le seront, elles devront ne se préoccuper que de dissimuler leur existence; si elles se montraient, elles courraient le danger, auquel je ne veux pas les exposer, d'être écrasées les unes après les autres par les armées ennemies, qui, occupant une position centrale, pourraient se jeter en masse sur la première qui se porterait en avant, et reviendraient ensuite attendre que la faim nous obligeât à leur ouvrir les portes. Nos ennemis savent bien que ce n'est qu'une question de temps; ils resteront dans l'expectative autant qu'il le faudra : la patience est leur vertu. C'est donc une idée fausse de compter sur la province pour nous délivrer.

— Mais que ferez-vous donc? répliqua Trochu, piqué.

— Regardez là, dit le maréchal en montrant son œil par un geste familier. Organiser, instruire, vêtir, nourrir l'armée, il y a de quoi suffire à notre activité. Ce que je puis vous dire, c'est que je ne me battrai pas en hiver : ce serait folie et cruauté criminelle d'exposer aux intempéries d'aussi jeunes troupes; j'en perdrais plus de moitié par le froid et la maladie : je ne ferai pas cela. Ce sont mes enfants; s'il faut exposer leur vie, ce sera dans le cas d'absolue nécessité; hors de là, non.

Et d'un ton moitié sérieux, moitié goguenard :

— Vous voyez que moi aussi j'ai mon plan !

LE BOURGET.

Cependant le maréchal n'entendait pas rester uniquement sur la défensive, mais il ne voulait rien entreprendre qu'à coup sûr et dans un but utile à ses projets futurs. Surtout il tenait à ne jamais reculer, sachant bien quelle fâcheuse impression résulte pour la troupe de tout mouvement en arrière.

Un jour il apprit que, contre leur habitude, les Prussiens se gardaient mal au Bourget, position de quelque importance, parce qu'elle commande deux routes. Il résolut de s'en emparer. Il forma une colonne d'infanterie qui enleva le village en un instant et s'y établit avec tant de promptitude, que l'artillerie ne fut pas employée. Le maréchal assistait à cette opération. Prévoyant que les Prussiens ne voudraient pas rester sous le coup de cet échec et reviendraient en forces, il fit mettre en batterie de grosses pièces de position, et construire rapidement des retranchements en terre; aussi, quand l'ennemi essaya de reprendre ce village, il rencontra une résistance inattendue, contre laquelle se brisèrent tous ses efforts : il lui fallut y renoncer, après des pertes très-considérables, tandis que de notre côté elles étaient insignifiantes, grâce aux abris préparés par la prévoyance du maréchal. L'effet de ce petit succès fut excellent : la jeune armée était ravie; elle se sentait bien commandée, ne manquait jamais de rien; aussi ne demandait-elle qu'à marcher.

Cette affaire causa dans Paris une joie excessive; elle n'avait pas grande importance, mais c'était un premier succès après tant de revers, et, avec cette exagération à laquelle n'est que trop portée la foule, on se croyait déjà au bout des épreuves, le siége levé, la France évacuée, etc.

Il fallait jeter un peu d'eau froide sur ces têtes incandescentes, et les ramener à la réalité; le

Journal officiel s'acquitta de cette tâche avec esprit et bon goût.

COULMIERS.

Peu de jours après, une heureuse nouvelle se répandit dans Paris, où elle exalta encore les esprits. L'armée du Centre avait complétement battu les Bavarois à Coulmiers : c'était incroyable et pourtant vrai. Des troupes sans cadres, sans instruction, avaient, par l'habileté d'une savante manœuvre, triomphé d'un général justement renommé. Ce succès enthousiasma cette jeune armée, qui demandait à grands cris à marcher en avant. Mais le général Borel, se rappelant ses instructions, sut résister à l'entraînement, et, satisfait d'avoir infligé à l'ennemi une rude leçon qui le rendrait circonspect à l'avenir, il regagna ses retraites sans même songer à défendre Orléans, qu'il ne jugeait pas assez sûr. On reconnut plus tard combien cette résolution avait été sage.

Après la chute de Metz, le prince Frédéric-Charles, arrivant avec une nombreuse armée composée de troupes d'élite, eût écrasé toute résistance, si l'on eût commis la folle et coupable imprudence d'aller à sa rencontre.

TABLEAU SYNOPTIQUE DE LA PLACE ASSIÉGÉE.
VUE PRISE DE VERSAILLES.

La ville, naguère si bruyante, dont le canon grondait incessamment et faisait un incompréhensible gaspillage de munitions, est plongée dans le silence. Pas un bruit ne s'élève. Elle semble une vaste nécropole où la mort aurait promené sa faux impitoyable, sans laisser un seul être vivant, comme ces villes de l'antiquité, détruites par la guerre ou par la peste, dans lesquelles le voyageur erre au milieu des ruines et des tombeaux. Du dehors, l'œil ne distingue aucun mouvement, l'oreille ne perçoit aucun son. La vie semble retirée de ce vaste sépulcre, elle ne se décèle par aucun symptôme. Seule, par un contraste bizarre, la matière paraît animée : la terre se meut, soulevée par des agents invisibles; elle s'avance chaque jour et forme en avant des remparts une épaisse ceinture. Malheur à qui l'approche! il tombe foudroyé.

Que se passe-t-il donc dans cette ville étrange?

Pourquoi les renseignements qui abondaient ont-ils cessé tout à coup?

Impénétrable mystère!

Le roi et tout l'état-major, la lorgnette braquée, se torturent en vain l'esprit pour deviner cette énigme. Le comte de Moltke est rêveur, le soupçon l'envahit. Pour la première fois, il hésite; son génie si ferme, si clairvoyant, est obscurci. Cependant, rien de plus simple : le maréchal avait casematé les troupes, blindé les batteries, masqué les embrasures, et défendu de tirer hors le cas d'absolue nécessité.

En province, ses ordres étaient exécutés avec une exactitude ponctuelle. Les populations s'étaient retirées au loin derrière des abris naturels rendus inexpugnables par des travaux habilement conçus.

LE DÉSERT.

Quand, à la fin d'une longue journée de marche à travers le désert, la caravane s'arrête, l'œil cherche en vain un toit hospitalier, et l'isolement dans l'immensité glace le cœur le plus ferme. Mais qu'un pays, doué de tous les dons par la nature, fécond, riche, peuplé, soit ravagé en un jour par la main de l'homme et transformé instantanément en une vaste solitude, c'est un spectacle affreux et navrant, qui saisit bien plus encore l'âme la mieux trempée.

C'est là ce que l'armée ennemie est condamnée à voir depuis des mois. Elle parcourt nos campagnes comme une troupe de loups-cerviers, mais elle y trouve le vide; à mesure qu'elle avance, les populations se retirent, chassant leurs bestiaux devant elles, incendiant les récoltes qu'elles ne peuvent emporter, laissant derrière elles l'espace désert.

Cette armée, si sûre de vaincre, ne rencontre pas d'ennemis; elle craint un piége, hésite, vit difficilement, marche avec circonspection, et quand, lassée d'attendre, elle s'aventure enfin à grande distance, elle se heurte à d'insurmontables obstacles, et si elle tente de les franchir, elle est décimée. Ces silencieuses solitudes agissent sur les esprits plus que la lutte la plus acharnée, et le découragement se fait jour.

A QUOI TIENT LA DESTINÉE DES NATIONS.

L'hiver était arrivé, âpre, précoce; mais les armées françaises étaient cantonnées, bien vêtues et nourries. Elles ne souffraient aucunement, tout allait bien, quand, à la suite d'une reconnaissance effectuée vers le plateau d'Avron, par un froid excessif, le maréchal tomba malade; sa vie fut en danger. Tous sentaient que le sort de la patrie était lié à son existence. La population tout entière stationnait sur l'esplanade des Invalides pour avoir à chaque instant de ses nouvelles : l'inquiétude était générale. Enfin, au bout de quelques jours, sa forte constitution triompha du mal ; la crise était terminée, il était sauvé. Il semblait que chacun eût retrouvé un père. La joie fut universelle et se traduisait de la façon la plus touchante ; les femmes surtout étaient ingénieuses à la lui manifester. Qui ne mesurait alors l'immensité du péril auquel on venait d'échapper! S'il en eût été besoin, ce qui s'était passé pendant sa courte maladie eût suffi pour le faire comprendre.

AVRON.

Dans la reconnaissance qu'il avait faite, il s'était aperçu que le plateau d'Avron n'était pas occupé par l'ennemi, et avait donné l'ordre de s'en emparer. Le général Trochu l'exécuta avec bonheur, sans coup férir ; le but était atteint, il fallait s'en tenir là. Malheureusement Trochu, qui trouvait son rôle trop effacé, entraîné par le désir de briller, poussé d'ailleurs par le bouillant Ducrot, veut faire un coup d'éclat : il lance Vinoy sur la Gare-aux-Bœufs, Susbielle sur Montmesly, qu'il emporte à la baïonnette en vieux soldat, mais au prix de beaucoup de sang inutilement répandu ; tandis que Ducrot, arrêté par une inondation, est retardé de vingt-quatre heures, passe enfin, et se précipite sur Villiers et Champigny, se bat comme un lion, mais se heurte à des masses imposantes, et, la rage dans le cœur, se décide à se retirer : l'opération était manquée. Elle coûtait huit mille hommes.

L'armée s'était bien battue, mais sans ensemble, le commandement supérieur ayant fait complétement défaut.

Le maréchal, en apprenant ces nouvelles sur le lit de douleur où la maladie le retenait encore, eut un accès de fureur qui faillit lui occasionner une rechute.

— Mes pauvres enfants! s'écria-t-il, les sacrifier ainsi!

Mais, reprenant bientôt son sang-froid, il donna les ordres les plus précis pour se retirer au plateau d'Avron, le garnir d'une nombreuse artillerie de position du plus gros calibre, le fortifier, établir des blindages et des casemates. Cinquante mille hommes furent immédiatement employés à ces travaux, et ce mont fut en peu de temps transformé en une redoute imprenable.

ESPOIR TROMPEUR.

De son côté, le comte de Moltke était pleinement satisfait; les appréhensions qu'il avait un instant conçues étaient complétement dissipées; il retrouvait dans le décousu avec lequel les opérations avaient été conduites de notre côté cette faiblesse de commandement qui, depuis le commencement de la guerre, avait assuré à toutes ses combinaisons les plus faciles succès. Le charme était rompu.

Au premier coup de canon, sa figure s'était rassérénée; certain d'avoir raison, par les savantes concentrations qui lui avaient toujours réussi, de ce qu'il supposait un effort désespéré, un dernier râle d'agonisant, il en était presque à regretter de n'avoir pas rencontré un rival digne de se mesurer avec lui. Plus tard, il eut cette satisfaction.

LE BOMBARDEMENT.

Quoi qu'il en fût, voulant précipiter la solution qu'il croyait imminente, il se décida à commencer le bombardement des forts du Sud, que malheureusement le plateau de Châtillon dominait; il les couvrit d'obus. Mais les casemates, que le prévoyant maréchal avait fait établir avec le plus grand soin, abritaient si parfaitement les braves marins chargés de les défendre, qu'ils perdirent très-peu d'hommes, et chaque nuit les dégâts de la journée étaient réparés avec une rare intelligence par les ingénieurs dévoués qui en étaient chargés.

Cette résistance irrita le comte de Moltke et le décida à bombarder la ville pour l'intimider. Le maréchal défendit de répondre, fit évacuer les quartiers atteints par les obus, et recueillit les habitants en lieu sûr.

Le mois de janvier était arrivé; c'était la limite extrême à laquelle devait atteindre la résistance, d'après les calculs de l'ennemi. L'hiver sévissait avec une rigueur exceptionnelle. L'armée, bien vêtue, bien nourrie, bien abritée, n'en souffrait aucunement; son armement était très-avancé et son instruction presque complète : elle était pleine de confiance et d'ardeur.

UNE LEÇON AMICALE.

Les généraux étaient impatients de commencer la lutte. Le général Trochu proposa au maréchal d'ouvrir un feu terrible de tous les forts et de tous les secteurs, puis d'effectuer une grande sortie sur le parc de Buzenval et sur Versailles, d'après un plan qu'il avait longuement étudié.

— Non, je ne tirerai pas et je ne sortirai pas.

— Mais alors n'est-il pas à craindre que cette inaction ne nous perde?

— Vous auriez raison si, les vivres manquant, chaque jour écoulé voyait diminuer les moyens de résistance jusqu'à leur complet anéantissement, comme à Metz; mais, au contraire, ce que vous appelez mon inaction augmente incessamment nos moyens d'action. Elle a créé une armée de huit cent mille hommes, elle a sauvé la vie à plus de deux cent mille, que votre prétendue activité aurait inutilement perdus par le froid, la fatigue, la faim. Je défie toute attaque; j'ai pris et je garde le Bourget et Avron, et si je m'en tiens là, c'est que cela me convient. J'ai des vivres pour longtemps, je puis agir ou attendre; je suis libre de choisir : j'attends.

Ducrot, présent à cet entretien, se rongeait les poings; il désapprouvait la sortie proposée par Trochu, mais il offrait de se faire tuer, etc.

Le maréchal l'interrompt avec autorité :

— Général, quand un grand acte de dévouement est nécessaire, un chef doit savoir exposer sa vie. Le général de Mac-Mahon, enlevant, à la tête des colonnes d'assaut, la tour Malakoff, en est un des plus beaux exemples; c'est héroïque. Mais que, par une ardeur irréfléchie, un général agisse en soldat au lieu de surveiller, diriger, combiner, c'est intervertir les rôles et manquer à sa mission; et si, par désespoir, il se fait tuer ou se tue lui-même, c'est une faute grave, car sa mort ne remédie à rien et compromet ses troupes. D'ailleurs, ne se fait pas tuer qui veut, vous en savez quelque chose.

Le brave général reconnut qu'il avait mérité cette leçon amicale, dont il fit son profit, et l'on se tut.

LE BOMBARDEMENT CESSE.

Depuis six semaines, le bombardement faisait rage; la ville ni les forts ne répondaient. Ce silence était incompréhensible, agaçant pour l'ennemi. Que se passait-il dans cette ville mystérieuse? Depuis l'affaire d'Avron, tout était rentré dans l'impassibilité : pas une entreprise, pas un coup de canon! Qu'attend-elle pour se rendre? Strasbourg et Metz étaient tombées, les armées de province ne se montraient nulle part; le prince Frédéric-Charles au sud, le général Manteuffel au nord, ne rencontraient nulle résistance, prêts d'ailleurs à écraser la première qui se produirait. Quel secours pouvait donc espérer cette capitale entêtée, dont les jours étaient évidemment comptés, puisque rien n'y pouvait pénétrer? Par quel miracle vivait-elle encore? C'était inexplicable. Enfin, lassé d'épuiser inutilement des munitions qu'il ne se procurait qu'à grands frais, le comte de

Moltke fit cesser le bombardement, et des deux côtés le silence se fit, effrayant, menaçant, gros de tempêtes.

L'HEURE SONNE.

Les jours, les semaines, les mois s'écoulent, toujours le silence. La neige, la glace ont fondu, la température s'adoucit, les premières senteurs du printemps embaument l'atmosphère; la nature se réveille, la terre, les arbrisseaux reverdissent : c'est le moment où la folie humaine va les rougir de son sang.

Le temps a été mis à profit; pendant ces longs mois d'hiver, l'armée s'est constituée à Paris et en province; elle est pourvue d'un armement formidable; et tandis que l'ennemi qui la guette la croit réduite aux dernières extrémités et s'apprête à recueillir le fruit de sa longue patience, c'est elle qui va le surprendre.

Le moment est décisif. Le maréchal réunit les généraux autour de lui; sa mâle figure est rayonnante, il semble inspiré.

— L'heure de la délivrance a sonné. A minuit, une messe solennelle sera célébrée dans toutes les églises, dans tous les forts, dans tous les camps; les troupes y assisteront en grande tenue. Nous demanderons à Dieu de bénir nos armes; notre cause est juste, nos vœux seront exaucés. Demain, au point du jour, à Avron.

A ce nom, l'étonnement se manifeste sur tous les visages.

— Oui, Avron. La ligne de l'Est est la plus forte; elle est gardée par une armée innombrable, échelonnée sur une étendue de cent lieues; je le sais, tous mes coups porteront. Si je voulais seulement percer le cercle qui nous environne, j'aurais choisi un point plus faible; mais ce n'est pas mon intention, je ne veux pas m'aventurer en rase campagne avant que l'armée soit aguerrie; jusque-là, je resterai adossé aux forts.

Je noyerai l'ennemi dans un torrent de feu, je l'obligerai à reculer, et j'établirai malgré lui en avant d'Avron un vaste camp retranché dans une position inexpugnable, contre laquelle il s'épuisera en vain. J'attirerai contre moi toutes ses forces, je les userai. C'est alors que les armées de province apparaîtront. Trouvant les routes libres, elles marcheront sans danger et viendront se grouper autour de moi; leur approche achèvera de troubler l'ennemi déjà ébranlé, et Paris sera débloqué peut-être sans combat.

Réunis alors en une masse imposante et compacte, nous marcherons en avant, et, confiants dans la justice de notre cause, dans la protection de

Dieu, dans la valeur et le patriotisme de l'armée, nous livrerons la grande et suprême bataille qui décidera du sort du monde. C'est alors qu'il faudra savoir faire le sacrifice de sa vie.

Frappés d'admiration pour la simplicité, la sagesse de ces combinaisons, les généraux s'écrièrent tous ensemble :

— Vive le maréchal! Vive la France! elle est sauvée!

Elle l'était en effet.

LA MESSE DE MINUIT.

La nuit se passa en prière. La population tout entière avait assisté à l'office de minuit; chacun avait à recommander à Dieu, dans ce moment solennel, un père, des frères, des fils, et la patrie. Le maréchal s'était rendu à Notre-Dame, où l'archevêque, après lui avoir donné sa bénédiction, lui demanda comme une faveur de l'accompagner à Avron, où sa place était marquée, disait-il; ce qui lui fut accordé avec reconnaissance.

DIEU PROTÉGE LA FRANCE.

A l'aube du jour, le maréchal, exact au rendez-vous, apparut au plateau d'Avron, accueilli par des cris enthousiastes. Chacun était à son poste ; aussitôt il donna le signal. C'en était fait, la lutte décisive allait commencer.

La grande batterie de cinq cents pièces de gros calibre établie sur le front Est tonna subitement et sans aucune interruption, inondant de ses projectiles la ligne de l'Est jusqu'à sept et même huit mille mètres. C'était un roulement continu, imposant et terrible ; ces bouches muettes depuis six mois retrouvaient tout à coup la parole ; leur voix formidable faisait trembler la terre.

Sous cette épouvantable avalanche enflammée, les positions de l'ennemi furent promptement intenables ; il dut rétrograder. Notre infanterie s'en empara aussitôt, et grâce aux bras d'une énorme quantité de terrassiers et de troupes du génie, elle y fut promptement abritée et soutenue par l'artillerie.

Gagny, la Maison-Blanche furent ainsi enlevés en un instant ; il en fut de même, un peu plus tard, de Montfermeil et du mont Saint-André, importante position dominant Chelles, qui dès lors dut être abandonnée par l'ennemi. Ce village était le centre de ses approvisionnements, dont une grande partie tomba entre nos mains ; tout y fut mis en confusion par la rapidité des opérations.

Après cet heureux début, l'armée se porta sur

les coteaux de Coubron, dont elle délogea l'ennemi. Beaucoup, emportés par leur ardeur, voulaient percer en avant, mais ce n'était pas l'avis du maréchal. Il s'arrêta, établit, comme il l'avait projeté, sur les hauteurs conquises un camp triangulaire : Avron, Saint-André, Coubron furent transformés en redoutes, reliées entre elles par de solides ouvrages armés d'une artillerie innombrable; en peu d'heures ces excellentes positions étaient devenues inexpugnables, et quand, après avoir reçu des renforts, l'ennemi voulut les reprendre, il s'y brisa.

ILLUSIONS ET MÉCOMPTES.

Pendant ce temps, le grand état-major prussien, réuni à Versailles, attendait patiemment que s'ouvrissent les portes de Paris, cette ville obstinée. Il avait été confondu de l'inutilité du bombardement, et, lassé de prodiguer en pure perte des munitions précieuses, il avait cessé le feu. Il ne s'expliquait pas que les vivres durassent si longtemps; mais il ne pouvait toujours en être ainsi, et bien certain qu'ils s'épuiseraient, il prenait patience.

Le roi, M. de Bismarck et le comte de Moltke avaient sur ce sujet de fréquents entretiens pendant les longues promenades qu'ils faisaient dans les environs de Versailles, avec autant de sécurité que s'ils eussent été à Potsdam.

Cependant le mystère étrange qui planait sur la ville les préoccupait; aucun renseignement ne leur parvenait, et, sauf de très-rares exceptions, le canon se taisait. Que pouvait signifier ce calme bizarre et irritant?

Enfin, le canon se fit entendre dans le lointain; ce fut un soulagement : la solution approche, c'est le dernier soubresaut de l'agonisant. A cette pensée, les regards s'allument, pleins d'ardentes convoitises.

Quand le comte de Moltke connut le point d'attaque, qu'il jugeait impénétrable, cet homme, toujours impassible et froid, fut ému de pitié pour les infortunés conduits à leur perte certaine par des chefs si indignes, qu'il avait honte de les avoir pour adversaires.

— Pauvre nation dégénérée, pensait-il, qui ne trouve pas un homme pour la commander, ni pour la servir au moment où elle joue son existence!

Ses réflexions furent interrompues par l'arrivée d'un officier annonçant que l'attaque était sérieuse. Déjà la Maison-Blanche et les hauteurs de Gagny étaient perdues; une artillerie formidable écrasait tout devant elle. Le comte de Moltke éprouva quelque impatience; mais, retrouvant aussitôt son calme imperturbable, il chargea l'officier de porter une note blâmant le général qui s'était laissé surprendre à la Maison-Blanche, surtout à Gagny, et donna ordre de reprendre ces positions.

Les officiers d'ordonnance se succédaient d'heure en heure. Il apprit successivement la perte de Montfermeil, du mont Saint-André, de Coubron. C'était trop; il s'emporta alors, accusa de lâcheté, d'incapacité le général qui reculait ainsi. Il envoya de nouveau l'ordre de reprendre les positions perdues; mais lorsqu'il connut l'insuccès de cette nouvelle tentative, les pertes cruelles éprouvées, il commença à apprécier plus justement la situation, et quoiqu'il ne s'en rendît pas encore un compte exact, elle lui apparut, par intuition, plus dangereuse qu'il ne l'avait supposé d'abord. Il soupçonna une partie de la vérité, il entrevit presque avec joie la possibilité d'une lutte véritable au lieu d'un succès non disputé, et s'animant au jeu, comme le spadassin qui s'échauffe dans un duel avec un adversaire dont l'habileté se dévoile à ses yeux étonnés, qui perd son sang-froid et se fend au risque de s'enferrer, il voulut s'engager à fond pour réparer l'affront fait à ses armes.

LA LUTTE DEVIENT SÉRIEUSE.

Il attaquera le lendemain au point du jour avec un corps d'armée tout entier, refoulera à tout prix les téméraires qui ont osé pénétrer jusque dans ses lignes, et les en fera repentir.

Ainsi se réalisaient de point en point les prévisions du maréchal; ses dispositions étaient prises, les troupes étaient à leur poste, généraux en tête; elles avaient mangé la soupe, des munitions abondantes étaient à leur portée. C'est alors que l'on reconnut combien le maréchal avait eu raison de les ménager avec tant de parcimonie et d'en fabriquer avec une telle profusion pendant six mois. Maintenant, on était assuré de n'en jamais manquer, quelle qu'en fût la consommation, et l'on sait combien elle a augmenté avec les armes à tir rapide. Toutes les réserves étaient sur pied, la plus grande vigilance commandée partout dans les forts et les redoutes; tout le monde était prêt quand, à l'heure annoncée par le maréchal, l'armée prussienne apparut comme si elle eût obéi à ses ordres. Tous en firent la remarque et admirèrent la rare pénétration de cet esprit clairvoyant, autant que ferme et judicieux.

Son état-major l'entourait. Au premier coup de

canon, se tournant vers les généraux, il tira sa montre, et marquant du doigt l'heure :

— Ils sont exacts au rendez-vous, dit-il ; à nous à leur répondre.

Et, sur son ordre, mille pièces de gros calibre tonnèrent à la fois. Un instant surpris par cette effroyable détonation, les Prussiens hésitèrent ; mais ce ne fut qu'un moment, et, profitant de tous les plis de terrain, des bois, savamment et longuement étudiés, ils s'avancèrent et combinèrent une attaque d'artillerie terrible sur plusieurs points à la fois ; leur feu était meurtrier.

Quand ils crurent les positions suffisamment préparées, ils lancèrent leur infanterie à l'assaut des tranchées qui reliaient Avron à Saint-André : c'était le côté faible. Le combat était acharné. Le maréchal, au milieu des combattants, les soutenait, les encourageait.

— Courage, mes enfants, la patrie a les yeux sur vous !

Tous rivalisaient d'ardeur ; les aumôniers emportaient les blessés, les femmes les soignaient dans les ambulances ; pas un homme ne quittait les rangs ; l'acharnement des assaillants montrait assez le prix qu'ils attachaient au succès.

La journée entière se passa sans résultat décisif ; ils n'avaient pas gagné un pouce de terrain ;

leurs pertes étaient énormes, proportionnées aux efforts qu'ils avaient faits. De notre côté, elles étaient moindres, mais bien sensibles. Le maréchal était ravi, et, parcourant au galop le formidable triangle :

— Ce n'est pas fini, nous en verrons bien d'autres ! C'est ici que se décide le sort de la campagne.

Les Prussiens avaient disparu. Le maréchal profita de ce répit pour faire remplacer pendant la nuit les troupes qui avaient combattu pendant deux jours ; elles étaient fatiguées, mais fières d'avoir repoussé l'ennemi. Les troupes de réserve prirent leur place.

— A votre tour maintenant.

NOUVEL EFFORT.

Le comte de Moltke avait retrouvé tout son sang-froid. Reconnaissant qu'il avait eu le tort de trop mépriser son ennemi, et que si les opérations qu'il avait ordonnées avaient échoué, c'était faute d'avoir été mûries, il se recueillit et combina une attaque sur de nouveaux plans étudiés à fond. Ce cerveau, fécond en conceptions jusque-là toujours heureuses, se mit au travail. Il fallait à tout prix relever l'honneur des armes atteint dans les journées précédentes. Il comprenait enfin l'importance capitale des positions perdues, la difficulté de les reprendre; mais il comptait sur les ressources de sa stratégie savante pour réparer sa faute. S'absorbant dans l'étude des plans étalés dans son cabinet, un compas à la main, en quelques heures cet esprit éminent eut tout combiné. Son projet était d'attaquer à la fois les trois côtés du triangle et de faire converger les feux de manière à l'en inonder. Déjà il avait envoyé un corps qui avait échoué en attaquant le côté Sud, il en envoya un autre pour attaquer le côté Nord; mais le Bourget n'étant plus en sa possession, il était obligé à un long détour : il fallait deux jours de marche pour se rendre de Versailles au poste de combat. Les troupes de réserve, en arrière de Chelles, reçurent l'ordre de s'avancer pour attaquer le côté de l'Est. En même temps, le prince Frédéric-Charles dut envoyer un corps de cinquante mille hommes prendre la place de celui qui quittait Versailles, qu'il n'était pas prudent de dégarnir.

GRANDE SATISFACTION DU MARÉCHAL.

La prédiction du maréchal fut justifiée par l'événement.

L'orage allait de nouveau fondre sur lui; il s'en

réjouissait, et, devinant les projets de l'ennemi, il pressentait qu'il avait du temps devant lui. Il l'employa à se fortifier dans son camp; il fit mettre en position toute son artillerie disponible. Quatre mille pièces hérissaient les trois côtés du terrible triangle, devenu un camp retranché; partout où le terrain le comportait, elle était étagée sur plusieurs rangs et protégée par tous les moyens inventés par la science. Cinq cent mille hommes, passant deux jours à travailler sans relâche avec une fiévreuse activité, font bien de la besogne. Tous sentaient que leur vie dépendait de leur travail, tous savaient qu'avec le maréchal il n'y avait pas à songer à reculer : il fallait donc vaincre ou mourir. Se défendre, c'était vaincre. On avait du vin, des vivres, des munitions en abondance; aussi la troupe était gaie et confiante.

LE VOLCAN.

De son côté, le comte de Moltke avait aussi mis le temps à profit. Il avait fait établir autour du triangle occupé par les Français des batteries formidables, dont les feux convergents devaient couvrir de projectiles cet espace relativement étroit, devenu une cible facile à atteindre, et y causer d'affreux ravages. Aussitôt ses troupes arrivées, le comte de Moltke fit commencer le feu simultanément sur les trois côtés à la fois. L'artillerie du camp répondit, et du cratère de ce volcan détonna l'éruption de quatre mille pièces, qui embrasèrent l'atmosphère pendant toute la journée. Le ciel était en feu; le maréchal était dans son élément; il parcourait les rangs de l'air le plus gai, le plus tranquille. La nuit ne mit pas fin à cette effroyable pluie de fer et de feu se croisant dans le ciel.

Les pertes étaient énormes des deux côtés, mais l'acharnement était égal. Le maréchal, fidèle à son système de ménager ses troupes, les abritait de son mieux, mais pas assez pour prévenir des malheurs irréparables. Après vingt-quatre heures de combat, il les fit relever par les garnisons des forts et de la ville, dont elles allèrent prendre la place. Sûr de ne jamais manquer de munitions ni d'épuiser les forces des combattants, qu'il relevait chaque jour, il était certain de tenir indéfiniment; l'ennemi, au contraire, obligé de faire des marches fatigantes, n'ayant pas la possibilité de renouveler les troupes de combat, se ravitaillant difficilement, devait s'épuiser. Cependant, depuis trois jours cette monstrueuse boucherie ne se ralentissait pas; la présence des chefs entretenait de part et d'autre le courage des combattants. Le comte de Moltke avait appelé les réserves échelonnées sur la ligne du chemin de fer de l'Est; elles étaient accourues et comblaient les vides résultant des trois journées de ce combat d'artillerie; l'infanterie n'avait pas encore été sérieusement engagée. Ces renforts arrivés, le comte de Moltke crut le moment venu de tenter un effort décisif; et, après une canonnade furieuse de plusieurs heures, qui diminua beaucoup ses munitions, il lança son infanterie à l'assaut. Elle s'avança avec une grande résolution; mais, accueillie par un feu rasant, meurtrier, elle fut forcée de se replier. Tout l'avantage était du côté des Français, qui, abrités par des ouvrages élevés à la hâte, perdaient bien moins de monde que les assaillants, obligés de marcher à découvert. Le petit espace sur lequel ils étaient concentrés, s'il avait l'inconvénient d'offrir une cible au tir de l'ennemi, avait l'avantage d'être facilement défendu sans manœuvres fatigantes; les vivres, les munitions n'y manquaient jamais, et les défenseurs, renouvelés chaque jour, étaient toujours frais pour le combat.

Les Prussiens, au contraire, obligés de se découvrir à chaque tentative d'assaut, perdaient énormément de leurs plus braves soldats; il ne fallait rien moins que la présence de leur chef pour les obliger à persévérer. Pendant six jours le comte de Moltke, ce grand homme de guerre, fit les plus énergiques efforts ; tous échouèrent devant la simplicité du système de défense. Au bout de ce temps, ses munitions étant complétement épuisées, ses troupes décimées, il reconnut avec rage l'impossibilité de persister. Le moral de l'armée était ébranlé ; la résistance inattendue qu'elle avait rencontrée troublait les plus fermes esprits. Les Français auraient-ils donc enfin trouvé un chef digne de les commander ? Par quel miracle ont-ils pu se créer cette formidable artillerie et cette innombrable armée ? Par quel prodige peuvent-ils vivre ? Autant de problèmes insolubles ! mais le fait était là, irréfragable.

Le comte de Moltke, le désespoir dans le cœur, se décida à battre en retraite ; mais il persista à bloquer à distance le camp français en l'entourant d'une ceinture de fer. C'était d'une exécution difficile et fatigante pour des troupes épuisées par six jours de combats affreusement meurtriers. Il fallait des renforts, car le cercle s'étendant nécessitait plus de monde pour le garder. Le comte rentra à Versailles sombre, préoccupé, tint conseil avec le roi et les généraux. Il fut décidé que l'armée du prince Frédéric-Charles serait rappelée, ainsi que celle du général Manteuffel, qui opéraient l'une au Sud et l'autre au Nord, sans y rien rencontrer. Rien ne pouvait être plus agréable au maréchal ; c'était là ce qu'il désirait.

Au milieu des épreuves qui avaient duré une semaine entière, pas une défaillance, pas une négligence ne s'étaient produites. Le maréchal félicita ses troupes, leur distribua des récompenses, et les prévint qu'elles n'avaient encore accompli que la moitié de leur tâche, mais que de grands résultats étaient proches.

Elles n'avaient pas besoin d'être encouragées, l'ardeur était la même qu'au premier jour, plus vive peut-être; tous portaient la tête haute, ils avaient bien rempli leur devoir. Les femmes de toutes les classes applaudissaient, encourageaient les combattants, soignaient les blessés ; leur présence aurait relevé tous les courages s'ils eussent faibli. Le dévouement des prêtres était sans bornes ; plusieurs l'avaient payé de leur vie en relevant les blessés et les morts au milieu du feu.

Le maréchal semblait invulnérable. On murmurait de le voir s'exposer, mais il n'y prenait pas garde. Cependant les pertes étaient énormes, et la lutte allait recommencer plus terrible que jamais, avec des effectifs affaiblis, contre un ennemi renouvelé, renforcé considérablement, commandé par ses meilleurs généraux : pourrait-on la soutenir? Le maréchal ne laissa dans Paris que les deux corps désignés sous les noms des *Vieux* et des *Jeunes,* pour défendre les fortifications; son effectif était réduit de cent mille hommes tués ou blessés, il en restait sept cent mille. Deux cent mille suffisaient largement pour défendre les remparts, les forts et les redoutes; les cinq cent mille autres furent divisés en deux armées qui devaient chaque jour se remplacer, car le petit espace à défendre ne pouvait contenir plus de deux cent mille défenseurs, et cent mille furent laissés en réserve pour parer à l'imprévu. Toujours actif et ingénieux, il fit améliorer les défenses, élever des épaulements, employant des milliers de gabions, fascines, sacs à terre, inventant des abris en charpente contre les projectiles. Il établit des batteries partout sur deux étages, et même en quelques endroits sur trois étages; quatre mille pièces étaient déjà en position, il trouva moyen d'en ajouter encore cinq cents. Il lui sembla que rien au monde ne pourrait le forcer dans son camp, et son sourire de satisfaction montrait qu'il avait entière confiance. Des deux parts, les chefs se croyaient donc sûrs du succès; mais les Prussiens étaient obligés d'attendre l'arrivée des armées mandées en toute hâte, et, quelque diligence qu'elles fissent, il leur fallait au moins dix jours pour arriver : c'était long au gré de l'impatience du roi. Une chose cependant contribuait à le calmer. Les Français n'avaient rien entrepris dans les journées qui avaient suivi les terribles combats du commencement du mois : ils sentaient donc l'impossibilité de percer les lignes prussiennes; peut-être manquaient-ils de munitions; en tout cas, ils seraient forcés par la faim de mettre bas les armes dans un avenir prochain.

Telle était la situation le 25 mars, lorsque les premiers éclaireurs du prince Frédéric-Charles l'annoncèrent pour le lendemain à Versailles. Le général Manteuffel arriva presque à ce même moment.

LES ARMÉES DE PROVINCE ENTRENT EN LIGNE.

Le maréchal, qui, jusque-là, ne savait à quel parti s'arrêterait l'ennemi, mais bien certain d'être attaqué de nouveau, s'était uniquement occupé de se fortifier. Lorsqu'il fut informé de l'approche des armées de Manteuffel et du prince Frédéric-Charles, sa joie fut au comble; l'armée ennemie tout entière allait fondre sur lui : il était heureux de ce premier résultat de sa résistance héroïque, la France était en grande partie évacuée. Il jugea le moment venu de faire entrer en ligne les armées de province. Il expédia donc en ballon un officier de confiance porteur de ses instructions au général Borel; il lui racontait tous les événements qui venaient de se passer, et lui prescrivait de faire sortir enfin de leur retraite les quatre armées de la Basse-Normandie, de l'Ouest, du Sud-Ouest et du Centre; elles comprenaient quinze cent mille hommes bien armés, équipés, approvisionnés, pourvus d'une puissante artillerie et d'une nombreuse cavalerie; les armées du Nord et de Lyon devaient rester encore dans leurs positions jusqu'à nouvel avis. D'après ses recommandations, les armées devaient s'avancer avec circonspection, se faire éclairer à grande distance par leur cavalerie, marcher doucement, et, formant un immense arc de cercle, se resserrer chaque jour en convergeant sur Versailles : leur approche devait en amener infailliblement l'évacuation. Cet ordre parvint le même jour au général Borel : il l'attendait depuis longtemps avec une fiévreuse impatience. Heureux des succès du maréchal, fier de la confiance dont ce grand homme l'honorait, il n'avait rien négligé pour s'en montrer digne. Il avait fait des prodiges : tout était prêt; les ordres de marche, rédigés d'avance, furent envoyés à l'instant même. Il est impossible de décrire l'enthousiasme des troupes à la réception de ces nouvelles et de ces ordres. En un instant elles furent prêtes à marcher, et le

7.

mouvement commença le jour même. Le général fut obligé de faire acte d'autorité pour empêcher de doubler les étapes et régler la marche avec cet ensemble, cette méthode indispensables pour éviter l'encombrement, surtout quand il s'agit de masses aussi énormes. Il avait calculé qu'en neuf jours ses quatre armées seraient massées autour de Versailles, qu'elles écraseraient comme dans un étau, si l'ennemi voulait y tenir, ce qui n'était guère probable.

De leur côté, le prince Frédéric-Charles et le général Manteuffel avaient reçu avec étonnement, mais avec satisfaction, leur ordre de concentration. Depuis cinq mois ils occupaient un désert, ils parcouraient le pays de tous côtés sans rencontrer d'ennemis, si ce n'est à grande distance; là, ils trouvaient des obstacles insurmontables : c'étaient, dans la Manche, des inondations; en Auvergne, des massifs de montagnes rendues inaccessibles; en Vendée, des bois, des ravins inabordables; dans le Midi, la Gironde : ils étaient ainsi forcés d'attendre sans combattre la capitulation de Paris. L'inaction leur pesait; ils furent heureux qu'elle cessât, et, précédant leurs troupes, dont la marche ne pouvait être rapide, ils arrivèrent de leur personne à Versailles à peu près au même moment.

Le roi les accueillit avec sa bonté ordinaire,

mais il était triste et préoccupé; les pertes immenses subies depuis le commencement du mois avaient fait une impression douloureuse sur son cœur. L'assurance du prince adoucit l'amertume de ses pensées. Le conseil de guerre fut réuni aussitôt. Le comte de Moltke exposa la situation, et proposa de recommencer l'attaque sur le triangle, pendant que le prince Frédéric-Charles, avec toute son armée, se jetterait sur les redoutes du Moulin-Saquet, des Hautes-Bruyères, au sud de Paris, les enlèverait, et que le général Manteuffel attaquerait le Bourget; en même temps Châtillon, Meudon inonderaient de projectiles les forts du Sud : Issy, Vanves, Montrouge. Une fois maître des redoutes, le prince tournerait ses feux contre ces mêmes forts, qui seraient ainsi écrasés ; il les prendrait d'assaut : dès lors ce côté des fortifications ne serait plus défendable, et le prince entrerait dans Paris, dont la résistance tomberait. Ce dernier effort devait, s'il réussissait, terminer avec éclat la campagne. L'attaque principale était réservée au prince Frédéric-Charles, les deux autres n'étaient que des diversions.

Tout ce qu'un esprit supérieur peut imaginer de combinaisons, le comte de Moltke le fit; sa prévoyance s'étendait aux moindres détails.

BATAILLE DE PARIS.

Lorsque les troupes furent reposées et rendues sur leurs positions, le signal de l'attaque fut donné ; tout à coup éclata un formidable roulement d'artillerie à la fois sur le camp retranché, sur le Bourget et sur les redoutes du Sud. Le maréchal s'y attendait, il n'en fut nullement ému. Il jugea que l'attaque du Bourget n'était qu'une feinte pour détourner son attention, et que celle du camp retranché ne serait pas poussée à fond : il en avait coûté trop cher à l'ennemi pour qu'il osât recommencer. L'affaire sérieuse devait donc être celle du prince Frédéric-Charles, au Sud. Il avait bien remarqué le mouvement du prince, dont il avait soupçonné les intentions. Plein de confiance dans les troupes qui défendaient les redoutes, dans les marins qui occupaient les forts et dans le brave amiral Pothuau qui les commandait, il n'appréhendait aucune surprise ; mais il avait eu la prudence de faire avancer la réserve de cent mille hommes entre les redoutes et les forts, et d'en masser encore cinquante mille en arrière des forts. Il confia à Ducrot la défense du camp retranché, et se rendit au galop à la redoute des Hautes-Bruyères, pensant que là était le danger. Il y arriva au moment où les tranchées en avant venaient d'être emportées par l'armée du prince Frédéric-Charles, qui attaquait alors avec fureur celles qui reliaient entre elles les deux redoutes, pendant qu'un corps cherchait à les tourner par Vitry. Le moment était critique, mais le maréchal était là; il fit jurer à ses troupes de mourir à leur poste. Il forma une colonne d'infanterie, en tête de laquelle il plaça ces mêmes zouaves qui avaient fui à Meudon, le 19 septembre; il se mit au milieu d'eux et commanda la charge.

— Mes enfants, montrez aux Prussiens ce que valent les zouaves quand ils ont à leur tête un vrai maréchal de France!

Oh! l'on vit alors ce qui ne s'était jamais vu depuis Waterloo, lors de la fameuse charge d'infanterie du maréchal Ney sortant de la ferme de la Haie-Sainte : une colonne de vingt mille hommes, ou plutôt de vingt mille lions en furie, bondissant sur l'ennemi, se mêlant acharnés, et le refoulant au delà des tranchées qu'il avait conquises; le maréchal les y arrêta.

— Maintenant, gardez-les, et ne vous les laissez pas reprendre; c'est bien, vous êtes des braves à présent.

Furieux d'avoir été repoussé, le prince renouvela son attaque; mais les réserves avaient avancé, il échoua devant leur inébranlable fermeté. Le maréchal était présent partout, son âme se communiquait à ses troupes, elles étaient invincibles. Après deux jours de combats terribles, où l'artillerie avait fait d'affreux ravages, où l'infanterie s'était mêlée avec fureur, le prince reconnut l'inutilité d'efforts qui ne produisaient aucun résultat, et, la rage dans le cœur, il fit sonner la retraite.

REPRISE DU BLOCUS.

Le moral des Allemands était ébranlé, l'énormité de leurs pertes assombrissait les visages; le prestige des prodigieux succès antérieurs était évanoui, la situation devenait de plus en plus grave. Un grand conseil de guerre fut réuni sous la présidence du roi; le prince laissa déborder sa fureur, sa haine, menaçant de tout détruire, de démembrer cette insolente nation. Le comte de Moltke, plus contenu, n'en était que plus ulcéré; il n'y avait pas à s'y tromper, les assiégés avaient mis le temps à profit; leur chef était un homme supérieur, qui avait su déjouer toutes ses combinaisons et l'entraîner à combattre sur un terrain désavantageux. Le mal était grand, mais le remède était tout trouvé : il fallait en revenir au système de temporisation qui avait toujours réussi, et dont on avait eu le tort de s'écarter.

Quoi qu'il pût en coûter à l'orgueil allemand de s'avouer vaincu, il était de toute évidence qu'en se bornant à bloquer étroitement la place, la faim la forcerait à capituler dans un délai qui ne pouvait être éloigné. Il est vrai que l'extension qu'elle avait prise jusqu'à Chelles et Coubron nécessitait un développement de forces bien plus considérable qu'auparavant, et que les pertes énormes subies pendant un mois de combats avaient affaibli l'effectif; mais ces pertes étaient plus que compensées par l'arrivée des armées du prince Frédéric-Charles et de Manteuffel. D'ailleurs, il restait des réserves en Allemagne, elles viendraient rapidement en chemin de fer. Tous les bras seraient employés; dans peu de semaines, tout pouvait être réparé.

Ces sages avis prévalurent. Le prince Frédéric-Charles s'y soumit avec une fureur concentrée : l'inaction l'exaspérait. Une seule inquiétude surnageait : était-on bien sûr qu'il n'y eût pas en province d'armées capables de secourir la place? n'était-il pas à craindre qu'elles ne se missent en marche maintenant que les routes étaient libres? Les faibles corps d'observation laissés en arrière par le prince Frédéric-Charles et Manteuffel n'étaient en état d'opposer aucune résistance à une force importante, et se trouveraient au contraire gravement compromis. Cette observation., soumise au conseil de guerre par le prince royal, chez lequel le bon sens n'était pas aveuglé par la passion, passa presque inaperçue, tant on avait besoin de se faire illusion; d'ailleurs, on ne pouvait plus retourner d'où l'on était venu, et les pertes faites nécessitaient des renforts. Au surplus, on se flattait qu'au cas où il surgirait de province une armée, elle ne serait pas capable de se mesurer en rase campagne avec les vieilles bandes qu'on enverrait au-devant d'elle.

On était donc loin de croire à l'imminence ni à la gravité du danger auquel on était exposé, et l'on se prépara à reprendre la vie monotone de blocus, que l'on menait depuis si longtemps, au grand mécontentement de l'Allemagne, dont le commerce, l'industrie étaient paralysés.

APPARITION DES ARMÉES DE PROVINCE.

On en était là depuis cinq jours, quand des fuyards épouvantés arrivant par toutes les routes racontèrent que des armées innombrables surgissaient de tous côtés, qu'elles arrivaient sur leurs talons; dans deux jours elles seraient en vue. Au premier moment, ces avis parurent exagérés par l'effroi : ceux qui les avaient apportés furent punis. Néanmoins l'évidente bonne foi des émissaires donna à réfléchir, et bien que l'on crût à'une grande exagération, le comte de Moltke jugea convenable de prendre quelques mesures de sûreté. Des éclaireurs furent envoyés à grande distance avec ordre de rapporter des renseignements certains ; des corps furent disposés en échelons sur toutes les routes, et des réserves importantes massées à Versailles et dans les environs. Le comte de Moltke n'attendit pas longtemps les renseignements qu'il cherchait ; dès le lendemain, les éclaireurs revenaient effarés, ils étaient unanimes : les armées qui s'avançaient étaient innombrables, elles arrivaient de tous côtés à la fois ; les routes, les champs en étaient couverts ; elles n'étaient plus qu'à trente kilomètres de Versailles ; en une étape, elles pouvaient y apparaître.

A ces nouvelles inattendues, l'inquiétude se fit jour ; les esprits, ébranlés par les échecs successifs de toutes les tentatives essayées depuis le commencement du mois, se laissèrent aller au découragement. Beaucoup entrevoyaient la possibilité d'un désastre ; à si grande distance de la base d'opérations, une bataille perdue pouvait avoir les plus terribles conséquences. L'armée prussienne allait-elle avoir sa retraite de Russie, ou bien serait-elle cernée à son tour et forcée de capituler ?...

LE SIÉGE EST LEVÉ.

Les officiers étaient en désarroi, ils faisaient spontanément leurs préparatifs de départ; les généraux eux-mêmes dissimulaient avec peine leurs appréhensions : chez les uns, elles se traduisaient par un visible abattement, chez les autres par une extrême irritation. Le roi, quoique affectant un grand calme, avait les yeux fixés sur le comte de Moltke, dont le génie avait tant de fois déjà su faire tourner la chance en sa faveur dans les circonstances les plus critiques. Ce grand esprit, toujours maître de sa pensée et supérieur aux événements, avait enfin apprécié la gravité de la situation; il l'avait immédiatement jugée dans toute son effrayante réalité et avec une rare fermeté. Il avait, sans hésiter, pris son parti de battre en retraite, seule résolution capable de tout sauver, mais blessante pour l'orgueil allemand. Lui seul avait l'autorité nécessaire pour imposer silence aux passions et faire accepter sa volonté; il l'exposa au conseil sans ménagements, en quelques mots; tous se turent, et l'on se prépara à obéir. Le soir même, lorsque la nuit fut close, les postes avancés durent se replier, et l'armée se mit en mouvement, se dirigeant tout entière vers la ligne de l'Est pour rallier toutes les réserves et se réunir en une masse imposante, impénétrable, très-dangereuse pour qui oserait l'attaquer. Cette résolution, prise à temps avec le coup d'œil qui caractérise ce grand homme de guerre, et cette fermeté qui parfois impose à la mauvaise fortune, sauvait d'un désastre une armée jusqu'alors victorieuse, enivrée de ses succès, d'autant plus irritée de voir sa proie lui échapper qu'elle se croyait au moment de la saisir.

ARRIVÉE DES FRANÇAIS A VERSAILLES.

Le lendemain, vers quatre heures de l'après-midi, les premiers éclaireurs de l'armée de province apparaissent en vue de Versailles. Ne rencontrant pas d'ennemis, ils pénètrent dans la ville; les habitants les accueillent avec transport. Ils poussent plus loin, et s'assurent que l'ennemi est en pleine retraite. Les avant-gardes débouchent à leur tour le soir même dans la ville. Le général Borel donne ordre de marcher toute la nuit; à mesure que les troupes arrivent, elles vont, sous la conduite d'officiers d'état-major, occuper les positions qui leur sont assignées; elles couvrent tous les environs de Versailles jusqu'aux bords de la Seine, et le soleil levant offre aux défenseurs des redoutes, des forts et de l'enceinte le merveilleux spectacle d'une armée française de quinze cent mille hommes sous ses murs.

Dire l'enthousiasme de la population à cette nouvelle incroyable est impossible. Tous se précipitent aux remparts; l'armée s'ébranle, une partie entre dans la ville par toutes les portes à l'Ouest, et défile pendant toute la journée par les boulevards, les quais, aux acclamations d'une population enivrée; l'autre partie fait le tour par la plaine, et, le soir venu, cette immense armée s'étend en une ligne imposante du Bourget à Champigny, en arrière du fameux triangle où le maréchal l'attendait. Le général Borel s'avança vers lui avec émotion. Le maréchal, le serrant dans ses bras, lui dit ces simples paroles :

— Vous avez réalisé tout ce que j'attendais de vous, soyez béni.

Il prescrivit de ne se départir d'aucune mesure de sûreté; mais la ville était folle de joie. Pendant toute la nuit, les acclamations redoublèrent; dès le lendemain matin, des milliers de charrettes arrivaient aux portes chargées de provisions; une multitude accourait pour avoir des nouvelles des parents, des amis, qu'on s'attendait à revoir amaigris, souffrants, et qu'on était stupéfait de retrouver bien portants, fiers de l'énergie qu'ils avaient montrée, et ravis du résultat de leurs efforts. D'énormes troupeaux de bestiaux entraient de tous côtés ; les vivres frais, qui manquaient depuis longtemps, revinrent en abondance ; il semblait que tout fût fini : quel beau jour !

LE *TE DEUM*.

Le maréchal ordonna qu'un *Te Deum* fût chanté dans la cathédrale et dans toutes les paroisses ; la population tout entière y assista : tous les cœurs étaient unis dans un même sentiment de reconnaissance envers Dieu et le maréchal, les associant dans leurs prières.

Le maréchal se rendit à Notre-Dame avec le général Borel, suivi de tout son état-major. L'ivresse, le délire éclataient sur leur passage. Sa mâle figure était épanouie. Son esprit ne se laissa pas détourner un moment de ses graves préoccupations. Jusqu'alors, toutes ses conceptions avaient été couronnées de succès, au delà même de son attente, sans un mécompte, sans un retard ; le premier acte était accompli, le siége de Paris était levé. Le deuxième restait à mener à bonne fin : il fallait chasser l'ennemi du territoire, lui arracher une proie longtemps convoitée, dans laquelle il avait plongé la dent ; il ne se la laisserait ravir qu'après une lutte désespérée, dont le caractère était complétement changé; la tactique devait, en conséquence, être entièrement modifiée. Jusque-là, il avait pénétré comme un coin dans l'épaisse masse ennemie, il s'y était fixé, le laissant se débattre et user ses forces comme le poisson pris à l'hameçon; à présent qu'il se retirait, il fallait le suivre et achever son expulsion.

LES PLAINES DE LA CHAMPAGNE.

Le grand capitaine qui commandait les Allemands ne reculait ainsi que pour choisir son terrain; il brûlait de prendre une revanche éclatante de ses derniers revers, qu'il comptait nous faire payer cher; les rôles étaient intervertis.

Le maréchal, toujours prudent, s'avançait avec la plus grande circonspection, le centre en avant, les ailes repliées en arrière, comme la fameuse phalange macédonienne, laissant derrière lui de fortes réserves pour garder les redoutes qu'il avait soin de construire sur la route afin de s'assurer des appuis en cas de revers. L'énorme quantité de bras dont il disposait lui permettait d'exécuter ces travaux avec rapidité.

Le comte de Moltke avait appris à estimer son ennemi; il éprouvait une certaine jouissance à se mesurer avec un tel homme, et, bien résolu à ne se laisser désormais entraîner par aucune impatience, il savait trop ce qu'il en coûtait, il ne voulait combattre que dans une position choisie et préparée d'avance. D'ailleurs, chaque pas en arrière le rapprochait de ses réserves, augmentait ses ressources. A la tête d'une armée aguerrie, disciplinée, excellente manœuvrière, il pensait qu'il avait tout avantage à combattre en plaine contre l'armée française, dont la plus grande partie n'avait jamais vu le feu et manquait d'expérience. C'est là ce qui le décida à faire choix des immenses plaines de la Champagne pour y risquer sa dernière chance au jeu sanglant des batailles.

Dès le premier jour de la retraite, il avait envoyé de nombreux officiers préparer le terrain, élever des batteries, des épaulements, des abris, etc. Il s'y établit sans être inquiété, consolida sa position avec cet art incomparable dont il avait le secret, et, plein d'espoir, il attendit l'attaque.

Mais le maréchal n'avait pas été long à pénétrer ses desseins, et, sans se laisser emporter par l'enivrement du succès, il s'était arrêté sur la limite de la Brie et de la Champagne. Ces deux provinces sont séparées par des hauteurs formant amphithéâtre, d'où la vue s'étend jusqu'à l'horizon sur les immenses plaines crayeuses. Ces hauteurs, faciles à défendre, furent immédiatement fortifiées;

la Marne, l'Aube et la Seine protégeaient les flancs de l'armée; seulement, elle avait occupé le mont Août, petite montagne à quelque distance au milieu de la plaine : on en avait fait un poste avancé.

Les plaines arides et désolées qui séparaient les deux armées allaient être inondées du sang de deux grandes nations et engraissées par les cadavres de leurs plus braves enfants. Le moment était solennel. Jamais en aucun temps on n'avait vu pareille agglomération d'hommes prêts à s'entr'égorger; sur un signe, l'épouvantable massacre allait commencer.

Les deux armées attendaient l'attaque ; elles avaient un égal intérêt à la recevoir dans leurs retranchements, elles restaient donc en observation; mais cette attente ne pouvait durer.

BOURBAKI.

Dès qu'il avait commencé sa marche en avant, le maréchal avait envoyé l'ordre à l'armée du Nord de se rapprocher de l'ennemi, de le harceler, de l'inquiéter, de le fatiguer, mais d'éviter un engagement à fond. L'armée de Lyon reçut une mission plus brillante; elle dut se porter rapidement sur la ligne de l'Est, menacer les communications des Allemands, et même les couper si elle pouvait. Cette entreprise hardie convenait parfaitement au caractère intrépide du général Bourbaki, commandant de cette armée; il avait autrefois exécuté en Crimée une manœuvre semblable, à Inkermann, avec une rare audace. Son armée, composée tout entière d'anciens régiments et de vieux soldats rappelés, était excellente. Prévenu par le maréchal du grand rôle qu'elle aurait à jouer, le général Borel l'avait composée avec un soin tout particulier. Elle était impatiente de combattre, et son illustre chef, plein de confiance en elle, brûlait du désir de venger l'armée de Metz et d'accomplir avec éclat la grande mission confiée à sa valeur. Mais, quelle que fût son ardeur, il lui fallut huit jours, en doublant les étapes, pour aborder l'ennemi. Son arrivée inattendue jeta le trouble dans toutes les réserves allemandes, qui, surprises, n'opposèrent qu'une faible résistance; elles furent coupées. Dès lors, toute l'armée allemande était compromise. Cette heureuse nouvelle parvint au maréchal dans la soirée. Aussitôt il chargea l'armée du Nord de poursuivre la portion de l'armée allemande qui avait été séparée du gros des forces et de lui faire repasser le Rhin; en même temps que Bourbaki devait pousser l'autre portion de cette armée en sens contraire, lui enlever ses convois, ses munitions, et la jeter en désordre sous les canons du maréchal.

L'ENTREVUE.

Le maréchal jugeait les Allemands perdus, et pour éviter une inutile effusion de sang, il envoya un parlementaire au roi pour demander une entrevue. L'état-major prussien était dans la consternation. Le roi assembla le conseil; le prince royal tenait les yeux tristement baissés, le prince Frédéric-Charles se mordait les lèvres jusqu'au sang; le comte de Moltke restait sombre. Enfin, interpellé par le roi, le comte de Bismarck conseilla d'accepter l'entrevue demandée. Il offrit de la fixer au lendemain à midi, au point intermédiaire à égale distance des deux armées. Le parlementaire partit, laissant les personnages qu'il quittait échanger un regard de soulagement, où perçaient l'angoisse, la haine, la ruse, et un reste d'espoir.

Étrange revirement de fortune! Ce souverain qui, avec un bonheur constant, avait réussi dans toutes ses entreprises, écrasé des armées, conquis des empires, parvenu au faîte de la puissance et de la gloire, rencontre un grain de sable, glisse, et tombe du haut de son piédestal.

Il y a quelques jours à peine il tenait sa proie;

par miracle elle lui a échappé, et c'est elle aujourd'hui qui, le serrant entre ses deux puissantes mâchoires, menace de le broyer avec tous les siens.

A quoi peuvent servir à présent l'expérience du vieux roi, la sagesse trop peu écoutée de son fils, la bravoure du prince Frédéric-Charles, la science profonde du comte de Moltke, la finesse du comte de Bismarck? Leur sort, celui de leur nation, de millions d'êtres humains, est renfermé dans l'étroit coffret où gît le cervelet d'un ennemi.

A l'heure dite, exact au rendez-vous, le maréchal arrivait à la rencontre du roi, non moins ponctuel.

Après un échange de paroles courtoises, le roi invita le maréchal à entrer avec lui dans la tente préparée pour les recevoir; les grands personnages restèrent dehors.

Deux vieillards, qui chacun avaient un pied dans la tombe, allaient disposer de la vie de plusieurs générations, des biens de deux nations, des intérêts du monde entier. Terrible entretien!

Quels poignants regrets devaient ressentir les conseillers qui, insatiables, avaient voulu pousser à outrance leurs succès! Maintenant la fortune avait tourné contre eux; n'avaient-ils pas à craindre que, par une inexorable loi du talion, le vainqueur n'abusât de ses avantages à son tour ? Ils attendaient, rongés d'inquiétude.

Le vieux roi, accablé du fardeau, dévoré de remords, désespéré d'avoir compromis le fruit de ses travaux, sentait son esprit troublé. Il demanda au maréchal de permettre que les princes, le comte de Moltke et le comte de Bismarck fussent admis à l'entretien. Ce fut accordé sans aucune difficulté, en y ajoutant seulement le général Borel.

Tous s'attendaient à de dures exigences, auxquelles ils étaient impuissants à résister; leur angoisse cruelle ne se traduisait par aucun signe extérieur; ces hommes supérieurs savaient commander même à leur visage. Le prince royal s'approcha de son père, l'encouragea du regard et le soutint de son bras.

LA VRAIE PAIX.

Quand tous se furent assis sur un signe du roi, le maréchal, invité à s'expliquer, s'inclina d'abord respectueusement vers le roi et les princes; puis, sans rudesse et sans amertume, il exposa en deux mots la situation respective des deux armées, et, sans insister sur ce sujet, qu'il sentait pénible, il formula ses prétentions, dont la modération surprit autant qu'elle charma nos ennemis. L'état de choses *ante bellum* devait être rétabli. La France n'exigeait aucun sacrifice de territoire, aucun tribut; seulement, les dommages causés par les armées ennemies devaient être réparés. Une seule clause coûtait à la fierté allemande : la restitution au Danemarck des provinces conquises sur lui antérieurement, afin de ne laisser aucun ferment de discorde pour l'avenir. C'était s'en tirer à bon marché.

Le comte de Bismarck n'en pouvait croire ses oreilles; toutefois, il voulut essayer de débattre ces conditions si modérées. Le maréchal, se tournant alors vers le roi, ajouta :

— Au moment de livrer la suprême bataille qui ensevelira dans un même linceul plusieurs générations, j'ai voulu sonder le cœur de Votre Majesté. Qu'elle veuille bien peser les conditions si équitables et si douces que je viens d'indiquer, elle jugera s'il ne vaut pas mieux les accepter que d'exposer son pays à l'affreuse douleur de l'envahissement, et au malheur plus grand encore d'y semer pour des siècles des germes indestructibles de haine. Je sais combien est incertain le sort des batailles; mais, autant qu'il est donné à l'homme de prévoir, si, ce dont Dieu nous garde, la lutte s'engage de nouveau, toutes les chances sont contre vous. Que Votre Majesté pense aux deuils qui couvriront les pays que Dieu lui a confiés, à la destruction du commerce, de l'industrie, à tous les malheurs causés par une guerre impitoyable! Ses derniers jours seraient abrégés par les remords, la mort ne viendrait pas assez vite à son gré, peut-être même ne serait-elle pas préservatrice de la furie vengeresse des mères désespérées, qui disperseraient ses cendres à tous les vents.

Que Votre Majesté compare cet abîme de maux avec le calme bonheur que lui devront ses peuples. Lorsque, après avoir signé un traité honorable, les deux nations pourront se donner la main sincèrement, l'estime mutuelle cimentera une paix séculaire, et, la tranquillité du monde assurée, un long avenir de paix solide, de prospérité inouïe, de travail fructueux, fera bénir son nom par toutes les générations futures. Son heureuse vieillesse s'écoulera dans la sérénité d'une conscience satisfaite.

Sire, pardonnez à ma franchise; je suis un vieux soldat: la voie que j'ouvre à Votre Majesté est celle de l'honneur, du salut, et, j'ose le dire, du devoir.

Le prince royal, fixant sur le maréchal ses yeux reconnaissants, presse le bras de son père, dont l'émotion croissante fait explosion enfin, et, serrant vivement dans les siennes la main du maréchal:

— Dieu soit loué! dit-il, monsieur le maréchal, vous faites tomber le bandeau qui couvrait mes yeux : aveuglé par la passion, j'allais me précipiter avec ma famille et mon pays dans un abîme; votre magnanimité nous sauve, ma reconnaissance sera éternelle. Comment pourrais-je vous la témoigner, par quels honneurs, par quels trésors?

Le maréchal fit un pas en arrière. Le comte de Bismarck se hâta d'intervenir; mais, ne croyant pas au désintéressement, et supposant que l'ambition était la corde sensible, il insinua que le trône de France était vacant; il ne recueillit pour toute réponse qu'un regard sévère.

— Que comptez-vous donc faire? reprit le roi.

— Rentrer dans ma retraite, revoir ma famille, me préparer à l'éternité.

— Ah! s'écria le roi plein d'admiration, vous êtes bien véritablement un grand homme! Saluez, messieurs, saluons tous un héros.

Et le prenant dans ses bras, le roi l'embrassa avec effusion. Tous lui prirent les mains, et lorsque, comblé de marques d'estime et de vénération, il se retira, le roi voulut l'accompagner jusqu'à ce qu'ils fussent en vue des deux armées, et, avant de le quitter, il l'embrassa une dernière fois.

Le soir même fut signé le traité qui assurait pour des siècles le bonheur des deux nations; les deux armées fraternisèrent avec enthousiasme sur le terrain où elles devaient s'entr'égorger. Une ère de paix et de félicité était inaugurée.

. . . .

Dabam me spei tantæ, cum subito experrectus sum, et tam bellum somnium perdidi.

FIN.

EN VENTE A LA MÊME LIBRAIRIE

Bataille de D'orking. — **Invasion des Prussiens en Angleterre.** Préface par Ch. YRIARTE. Un joli volume in-18.   2 fr.

La Campagne des zouaves pontificaux en France, sous les ordres du général baron de Charette, par M. S. JACQUEMONT, capitaine aux zouaves pontificaux. Joli vol. in-18, renfermant 1 gravure et 3 cartes. 2e *édition*. Prix. . . . .   2 fr. 50

Campagne de 1870-1871 : Les Volontaires du génie dans l'Est, par Jules GARNIER, chef de bataillon du génie auxiliaire, chevalier de la Légion d'honneur. Un joli volume in-18, enrichi d'une grande carte spéciale. Prix. . . . .   4 fr.

L'Armée du Rhin, depuis le 12 août jusqu'au 29 octobre 1870, par le maréchal BAZAINE. Beau vol. in-8º cavalier, renfermant 11 cartes et plans. Prix. . . . .   8 fr.

Campagne de 1870-1871 : La Première Armée de la Loire, par le général d'AURELLE DE PALADINES. Superbe vol. in-8º cavalier, enrichi de 4 cartes stratégiques coloriées et du *fac-simile* d'un ordre du gouvernement de Tours. 3e *édition*. . .   8 fr.

Campagne de 1870-1871 : La Deuxième Armée de la Loire, par le général CHANZY. Un superbe volume in-8º cavalier de 660 pages, accompagné d'un bel Atlas de 5 très-grandes cartes imprimées en couleurs, et donnant les positions stratégiques des armées française et allemande pendant les différentes batailles et au moment de l'armistice. 4e *édition*. Prix.   10 fr.

Campagne de 1870-1871 : Orléans, par le général MARTIN DES PALLIÈRES, commandant en chef le 15e corps d'armée. Un beau volume in-8º cavalier, enrichi de trois grandes cartes stratégiques et de *fac-simile* d'autographes. Prix. . . . . .   8 fr.

Campagne de 1870-1871 : Siége de Paris, opérations du 13e corps et de la troisième armée, par le général VINOY. Un beau vol. in-8º cavalier, accompagné d'un Atlas de 15 cartes stratégiques en couleurs. . . . .   10 fr.

Campagne de 1870-1871 : L'Armistice et la Commune, opérations de l'armée de Paris et de l'armée de réserve, par le Gl VINOY. Beau vol. in-8º et Atlas de cartes stratégiques.   10 fr.

La Marine au siége de Paris, par le vice-amiral baron DE LA RONCIÈRE-LE NOURY, d'après les documents officiels. Un superbe volume in-8º cavalier de plus de 600 pages, accompagné d'un bel Atlas imprimé en couleurs et contenant dix grandes cartes et plans des travaux français et allemands. 2e *édition*.   10 fr.

PARIS. TYPOGRAPHIE DE HENRI PLON, RUE GARANCIÈRE, 8.

www.ingramcontent.com/pod-product-compliance
Lightning Source LLC
Chambersburg PA
CBHW070251100426
42743CB00011B/2218